Johann Leonardy

Die angeblichen Trierischen Inschriftenfälschungen älterer und neuerer Zeit

Ein Beitrag zur Kritik des Corpus Inscriptionum Rhenanarum

Johann Leonardy

Die angeblichen Trierischen Inschriftenfälschungen älterer und neuerer Zeit
Ein Beitrag zur Kritik des Corpus Inscriptionum Rhenanarum

ISBN/EAN: 9783743488908

Hergestellt in Europa, USA, Kanada, Australien, Japan

Cover: Foto ©ninafisch / pixelio.de

Manufactured and distributed by brebook publishing software
(www.brebook.com)

Johann Leonardy

Die angeblichen Trierischen Inschriftenfälschungen älterer und neuerer Zeit

Die angeblichen

Trierischen Inschriften-Fälschungen

 älterer und neuerer Zeit.

Ein Beitrag zur Kritik

des

CORPVS INSCRIPTIONVM RHENANARVM

EDIDIT

GVILELMVS BRAMBACH

von

Johann Leonardy.

TRIER, 1867.

Verlag der Fr. Lintz'schen Buchhandlung.

Vorrede.

Auf der Schlussseite meines Schriftchens über „Die Secundinier und die Echtheit der Nenniger Inschriften" hatte ich so kurz, als es Zeit und Raum damals erlaubten, angedeutet, dass die Rubrik der lapides spurii, in welcher der Herr Herausgeber des Corpus Inscriptionum Rhenanarum auch der Stadt Trier einen Platz angewiesen hatte, *echte* Inschriften aus Gruter's Thesaurus enthalte, jene Zusammenstellung also wohl sehr unzuverlässig sein möchte. Die lapides Clotteni hatte Hr. Prof. Brambach *alle* für unecht erklärt. War es nun schon überraschend, *echte* Inschriften unter den *spuriis* zu finden, so musste es noch überraschender sein, Clotten'sche, also *unechte*, unter die Reihe der *echten* gestellt zu sehen; es war dies zuerst die No. 768 des C. I. Rh., welche längst aus Ph. Schmitt's: Die Kirche des heiligen Paulinus, Trier 1853, S. 442, als Clotten'sche bekannt war.

Dieses Ergebniss war schon ermuthigend genug, die Anklage der Inschriftenfälschung, welche fast gleichzeitig von drei verschiedenen Seiten gegen Trier erhoben und sogar bis auf die Zeit der Frankenherrschaft zurückdatirt worden war, einer neuen Prüfung zu unterwerfen.

Der Vorstand der Gesellschaft für nützliche Forschungen, welcher von den Ergebnissen der vorliegenden Untersuchung Kenntniss nahm, erklärte sich damit einverstanden und beschloss, dieselben auf seine Kosten zu veröffentlichen, und so übergebe ich denn dem Publicum diese Kritik des C. I. Rh. und hoffe, dass man erkennen wird, wie die auffallende Eile, mit welcher die Herausgabe des C. I. Rh. betrieben wurde, dem Werke keinesfalls zum Vortheile gereichte — trotz der vielfachen Unterstützung, welche Hr. Prof. Brambach überall fand, und trotz der entwickelten Arbeitskraft, die in zwei Jahren schaffen musste, was andere in zehn nicht zu Stande brachten. Da aber das C. I. Rh. auch noch über das C. I. L. hinaus als Urkundenbuch für die rheinischen Inschriften dienen soll, so empfehle ich allen, die in die Lage kommen, es benützen zu müssen, die Beherzigung des Epicharmischen Sinnspruches, den Hr. Prof. Brambach auf die Nenniger Inschriften anwandte:

νᾶφε καὶ μέμνασ' ἀπιστεῖν.

Trier, 4. Juni 1867.

Weder der Streit über die Echtheit der Nenniger Inschriften, noch die damit gleichzeitige Herausgabe der gesammten rheinischen Inschriften durch den Verein von Alterthumsfreunden im Rheinlande [1]) haben, bei aller Anerkennung, die man den bei letzterm Unternehmen betheiligten Männern zu Theil werden lassen will, den gerechten Erwartungen der trierischen Archäologen entsprochen. Vor allem wurde in jenem Streite von Seiten der Herren Prof. Mommsen und Brambach, als den Hauptvertretern der gegnerischen Partei, ein Ton angeschlagen, der in höchst beleidigender Weise die wissenschaftliche Ehre und Tüchtigkeit der hiesigen Alterthumsforscher und Philologen angriff und seinen schärfsten und allgemeinsten Ausdruck in Zarncke's „Literarischem Centralblatte" [2]) fand, in welchem gelegentlich einer kurzen Besprechung des oben bezeichneten (Brambach'schen) Corpus Inscriptionum Rhenanarum ein anonymer Kritiker von dem hohen Grade von „Unwissenheit" sprach, „der in dergleichen (epigraphischen) Dingen an der Mosel herrsche". Diese hochmüthige und eines Vertreters der Artes liberales völlig unwürdige Art, in welcher eine rein wissenschaftliche Angelegenheit [3]) dazu benutzt wurde, die strebsamen Vereine und Männer eines geographisch weit ausgedehnten Gebietes mit irgend einem noch ganz hypothetischen, „unwissenden, pinselhaften Falsarius" auf eine Linie zu stellen, fand zwar ihre gerechte Würdigung [4]); allein, da die „Akademie der Wissenschaften" in Berlin und die „Berliner Archäologische Gesellschaft" durch Hrn. Prof. Mommsen's Mund officiel der Welt verkünden liessen, „die Acten in dieser Angelegenheit seien für die Wissenschaft geschlossen" [5]), in den jenen Gesellschaften zu Gebote stehenden und durch den Einfluss ihres Namens beherrschten

---

[1]) Corpus Inscriptionum Rhenanarum consilio et auctoritate societatis Antiquariorum Rhenanae ed Guil. Brambach, 1867. Hr. Prof. Klein in Mainz (siehe S. 6, N. 3.) bezeichnet dieses Werk als „sehr ungenügend"; aber man darf nicht vergessen, dass es das erste „epigraphische Urkundenbuch für das Rheinland" ist, es also weder für Erklärung noch sonstige Verwerthung des reichen Materials selbst etwas thun wollte; die oft übertrieben genau von Hrn. Prof. Brambach angeführte Literatur zu den einzelnen Nummern gibt Anleitung zum Nachschlagen in ausreichendem Maasse. Was von Erklärung nöthig schien, hat der Herausgeber einige Male entweder im Index oder bei der betreffenden Nummer selbst angedeutet.

[2]) Jahrgang 1867 No. 3.

[3]) Dass man in Berlin glaubte, die Nenniger Inschriftenangelegenheit gehöre, nachdem Hr. Prof. Mommsen gesprochen, nicht mehr vor die Wissenschaft, sondern vor die Polizei, der angebliche Fälscher sei also gerichtlich fassbar, deutete der bekannte Lessing'sche Artikel in der Nationalzeitung an. Vielleicht dachte man in Berlin noch an den Konstantin Simonides und sein Uranios-Manuscript, bei dem man freilich die Hülfe der Polizei und des Telegraphen gegen einen schlauen ·Betrüger und Schwindler anrufen musste.

[4]) Vergl. J. Hasenmüller, Dr. phil., „die Nenniger Inschriften keine Fälschung. Trier 1867." S. 4. (Vorrede.)

[5]) Vergl. Nationalzeitung No. 20 und Neue Preussische Zeitung No. 19 (Beilage), 1867. Hr. Prof. Mommsen nennt die Vorgänge in Nennig „nichtswürdige Prellerei".

Blättern und Zeitschriften also die Angeklagten — sämmtliche Vertreter der Wissenschaft an der Mosel, von Hrn. Prof. Mommsen als „localpatriotische Dilettanten" gekennzeichnet — wohl nie zu Worte kommen werden [1]), so war letztern nur mehr ein Weg offen geblieben, die Veröffentlichung durch Broschüren, und dieser Weg wurde denn auch für die vorliegende Abhandlung eingeschlagen.

Hr. Prof. Brambach hatte auf dem Titelblatte seines „Offenen Briefes" [2]) in durchaus unberechtigter Weise von einer „Inschriftenfälschung zu Trier" gesprochen, womit also gegen Trier die Anklage erhoben war, in allerneuester Zeit die Ursprungsstätte epigraphischer Falschmünzerei gewesen zu sein, deren Ergebnisse sodann in Nennig verwerthet worden seien. Da in dieser Angelegenheit aber trotz des Machtspruches der oben genannten berliner wissenschaftlichen Gesellschaften, der uns hier an der Mosel gar nicht imponirt, noch nicht das letzte Wort gesprochen ist, so können wir dieselbe einstweilen auf sich beruhen lassen. Indessen haben auswärtige Gesellschaften und Gelehrte es unternommen, dem absprechenden Urtheile der Hrn. Prof. Mommsen und Brambach entgegen zu treten [3]). In der Sitzung des Vereins von Alterthumsfreunden im Rheinlande am Winckelmannsfeste, 9. December 1866, fiel bereits die Bemerkung: da in der fränkischen Periode Triers „belangreiche" Inschriftenfälschungen daselbst vorgekommen seien, so möchten die neu entdeckten Nenniger Inschriften wohl in derselben Zeit entstanden sein. Abgesehen von dem materiellen Inhalte jener Inschriften, der in der Frankenzeit Niemanden mehr interessirte — Ursprung der Nenniger Villa und des trierischen Amphitheaters [4]) —, ist es im höchsten Grade unwahrscheinlich, dass man jene Villa sammt dem Amphitheater [5]) Traian und seiner Zeit zugeschrieben haben würde. Dafür liefern uns die Zeitbücher der trierischen Geschichte, die wir die „Gesta Treverorum" nennen, den besten Beweis. Während nämlich die mittelalterlichen Autoren

---

[1]) Schon „die Grenzboten", welche gewiss keine fachwissenschaftliche Zeitschrift sind, aber doch Hrn. Prof. Mommsen's Angriff auf die Nenniger Inschriften freudig abdruckten, verweigerten einer ganz kurz und gemessen gehaltenen Gegenerklärung die Aufnahme. Wie sich dieses Verfahren mit dem Satze: „audiatur et altera pars" vertrage, mögen diejenigen beurtheilen, die nie eine andere Meinung als die grossen Männer unserer Tage zu haben wagten.

[2]) Dr. Wilhelm Brambach, a.-o. Professor in Freiburg i. Br., „Trajan am Rhein und die Inschriftenfälschung zu Trier. Offener Brief an Dr. L. J. F. Janssen in Leiden; Elberfeld 1866".

[3]) Hr. Prof. Namur in der Luxemburger Union No. 32 vom 7. Febr. 1867; Hr. Prof. Klein in Mainz in der Sitzung des „Vereines zur Erforschung der rheinischen Geschichte und Alterthümer in Mainz" vom 20. Febr. d. J., cfr. „Mainzer Wochenblatt" 1867, No. 48—50. Auch Hr. Prof. Dr. J. Becker, „ein rühmlich bekannter Epigraphiker zu Frankfurt am Main, der am 19. October 1866, ohne alle Kenntniss des Brambach'schen Artikels in der Augsb. Allgem. Ztg., jede Zeile der Nenniger Inschriften als unmöglich erwiesen hat", vergl. Brambach, Offener Brief, S. 11 in der Note, scheint anderer Meinung geworden zu sein, denn nach einer Zeitungsnachricht ist ihm Hrn. Prof. Klein's Ansicht (die wesentlich auf meiner Broschüre: Die Secundinier etc., beruht) doch schon eine „Hypothese", also wenigstens eine Möglichkeit. Prof. Kl. hält Traianischen Ursprung fest, nicht einen spätern, wie Prof. Becker behauptet (Frankforter Didaskalia vom 14. März 1867).

[4]) Vergl. W. Wattenbach. Deutschlands Geschichtsquellen im Mittelalter, 2. Auflage, 1866, S. 28—29, wo nachgewiesen wird, wie gründlich unsere germanischen Vorfahren mit den Resten römischer Einwohnerschaft und römischer Erinnerung aufgeräumt haben.

[5]) Im Jahre 1211 erklärte Johann I., Erzbischof von Trier, das Amphitheater für „veteres muri et ruinosi parietes ... veteres ruinae.... per quos parum vel nihil utilitatis imposterum universitati possit accidere, sicut a multis retro seculis inutiles fuisse constabat". Hontheim, Hist. Trev. Dipl. I, 649. Der Umbau der Porta Nigra zur Kirche rettete diese vor einem ähnlichen Schicksale.

der Gesta für die vorchristliche Geschichtsperiode des trierischen Landes ältere Arbeiten gelehrter Mönche in Prosa und Versen, den Iustinus, Eutropius, Orosius und ganz besonders Cäsar's Tagebücher über die gallischen Feldzüge fast Wort für Wort abschreiben, schweigen sie über die politische Geschichte der Treverer im ersten Jahrhundert — Aufstand des Iulius Florus (21 n. Chr.), batavischer Freiheitskrieg, Gründung der Colonie u. a. — so vollständig, dass man fast unwidersprechlich behaupten darf, auch dem letzten Ueberarbeiter der treverischen Urgeschichte der Gesta gingen die besten Geschichtsquellen der ersten Kaiserzeit, besonders Tacitus [1]), durchaus ab. Sueton's Kaiserbiographieen besass zwar einer der Ueberarbeiter, wie es scheint, aber in ihnen war wenig Ausbeute zu seinem Zwecke zu finden [2]). Die Bauwerke Triers dünken den Gestenschreibern mit wenigen Ausnahmen als entstanden in der vorrömischen, assyrischen, Periode der Landesgeschichte. Und wenn einer von ihnen die Villa der Secundiner in Nennig als ein in der Zeit vor der Zerstörung Triers durch die Normannen vorhandenes grossartiges Gebäude gekannt, hätte er es eher dem Kaiser Constantin [3]) und seiner Mutter Helena zugeschrieben (wie dies bezüglich letzterer ja mit dem Igeler Monumente geschehen), als Traian, dem Christenverfolger; nur als solchen kennen ihn nämlich die Gesta neben Nero und Domitian [4]). Schon diese Erwägung stellt die in Bonn beliebte Annahme einer Entstehung der Nenniger Inschriften in der fränkischen Periode als unwahrscheinlich und unzulässig dar.

Eben so wenig sind aber jene Inschriften ein Erzeugniss der humanistischen Periode. Wer in der fränkischen sowohl wie in der humanistischen Zeit (15.—17. Jahrhundert) fälschte, hatte nur zwei denkbare Veranlassungen: pecuniären Gewinn oder irgend ein Vergnügen. Ersterer war durch gefälschte Urkunden, Stammbäume und Werke bequem zu erringen und es wurde denn auch besonders fleissig dergleichen geübt — Beweise in den Urkunden- und Schriftstellersammlungen [5]). Ein Vergnügen aber war mit gefälschten Arbeiten dieser Art sich selbst oder einem andern ebenfalls sehr leicht zu bereiten; man fälschte ganze Bücher und schrieb berühmte Namen auf den Titel; man wollte irgend einen superklugen Alterthümler täuschen und ihn so handgreiflich beweisen, auf wie schwachen Füssen sein Lehr-

---

[1]) Ueber die Seltenheit der Tacitus-Manuscripte im Mittelalter vergl. Haase, praef. ad edit. Taciti Tauchn. p. LVI sqq. Sogar der berühmte Polyhistor Joannes Sarisberiensis kennt den Tacitus nur dem Namen nach.

[2]) Die einzige Stelle (so viel ich glaube), in welcher das trierische Gebiet bei Sueton erwähnt wird, ist Calig. c. 8: in Treveris vico Ambiatino supra Confluentes, der Geburtsort Caligula's nach des Plinius Meinung. Die Stellen der Gesta c. XVIII (Umgränzung Galliens), c. XIX (Begräbniss des Drusus), beruhen auf Sueton. Iul. Caes. c. 25 u. Tib. 7. — Die Fälder Klosterbibliothek besass um die Mitte des 9. Jahrhunderts des Suetonii vitae Caesarum, die sich der Abt Lupus von Ferrières durch Vermittlung des Abtes Marcward von Prüm vom Abte Hatto zum Abschreiben ausbat. Thiotfrid, Abt von Echternach, citirt auch einmal den Livius; allein dieses Fragment (des 114. Buches?) hat er aus Hieronymus abgeschrieben.

[3]) Diesem Kaiser um so eher, als man in dem prachtvollen Mosaikboden der Villa einen beredten Commentar zu den bekannten Menschenhetzen des Jahres 306 hätte finden können. Die Gesta schreiben dieses „magnificum spectaculum muneris" (Eutrop. X 3 = Gesta c. XXIX) dem (noch heidnischen) Constantius zu.

[4]) Gesta Trev. c. XXVII: „primus etenim Christianos Nero persecutus est, secundus Domitianus, tertius Traianus.

[5]) Von eigentlichen Urkunden bieten die Werke von Houtheim, Günther, Beyer genügende Proben; von Büchern hat Wattenbach l. c. 534—537 viele zusammengetragen. Unter den Fälschern figurirt unser Johannes von Trittenheim, der den ganzen Hunibald (fränkische Urgeschichte) erfunden haben soll.

gebäude der Kritik beruhe. Allein der Kern des Ganzen war doch immer, dass jene Urkunden, Stammbäume, Werke, Inschriften baldigst an's Tageslicht traten: der Fälscher wollte den erhofften Gewinn doch noch bei Lebzeiten einstreichen und geniessen, wenn es ihm um die Behauptung irgend eines Besitzrechtes oder um die Gunst eines adelstolzen Herrn oder schriftstellerisches Honorar im Allgemeinen zu thun war; und wer sich einen Scherz mit dergleichen Dingen machen wollte, hatte ebenfalls dafür zu sorgen, dass er auch die Wirkung seiner operae subsecivae noch erlebte. Beide Absichten waren aber vollständig vereitelt, wenn nicht die Entdeckung und Veröffentlichung jener Arbeiten bald bewerkstelligt wurde. Keins von beiden trifft hier zu. Wir wissen nichts von einer Entdeckung der Nenniger Inschriften in der Humanistenzeit und also noch viel weniger von ihrer Ausbeutung zu den angedeuteten Zwecken. Wer sich nun nicht davon überzeugen will oder kann, dass sie der römischen Zeit angehören, muss sie in die neueste verlegen, darf sich aber nicht darauf beschränken, die angeblichen epigraphischen Verstösse in denselben nachzuweisen — wie es mit diesen sich verhalte, ist anderswo ausführlich besprochen — sondern er muss auch den Zweck und die Möglichkeit der Fälschung aufzeigen können, die in Nennig durch ganz besondere technische Verhältnisse vollständig illusorisch werden. Einen Zweck glaubten die Gegner der Nenniger Entdeckungen allerdings aufgedeckt zu haben, aber sie schreckten vor der äussersten Consequenz ihrer Behauptungen zurück, nämlich denjenigen Mann, für dessen archäologische Ansichten auf ganz andern Wege schon die genügendste Bestätigung gefunden war und die keines so thörichten Betruges bedurften, als Complicen der Nenniger Falsarier hinzustellen: wir meinen Hrn. Domcapitular von Wilmowsky [1]). Die technische Möglichkeit, den Betrug in Nennig so auszuführen, wie er nach der Behauptung der Hrn. Prof. Mommsen und Brambach vor sich gegangen sein musste, hat keiner der genannten beiden Herren nachzuweisen vermocht. Hr. Prof. Brambach schweigt davon, Hr. Prof. Mommsen begnügt sich mit der blossen Phrase, „der Fälscher habe besser mit Pinsel und Meissel umzugehen gewusst, als mit dem Orelli". Hr. Bildhauer Schäffer, der doch einzig und allein „die bereits als Fälscher auf's Korn genommene Person" sein kann, ist allerdings ein anerkannt tüchtiger Bildhauer, ihm aber auch nur die geringste Bekanntschaft mit lateinischen Inschriften und ihren Formeln zuschreiben, hiesse ihm eine Ehre anthun, die er selbst von sich ablehnt, weil er und alle, die ihn kennen, genau wissen, dass seine Bildung nach dieser Richtung auf einer sehr untergeordneten Stufe steht. Der Verein von Alterthumsfreunden im Rheinlande hat es deshalb auch, in richtiger Erkenntniss und Würdigung der Sachlage, in der Sitzung am Winckelmannsfeste abgelehnt, ein endgültiges Urtheil zu geben, weil die amtlichen Untersuchungsacten noch nicht veröffentlicht seien, und Hrn. von Wilmowsky damit beauftragt, die neuen Funde als Winckelmanns-Programm für 1867 zu bearbeiten.

---

[1]) Hr. Prof. Mommsen hat in den „Grenzboten" No. 50 (Jahrgang 1866, Seite 411) angedeutet, dass der Nenniger Fälscher durch die von Hrn. von Wilmowsky festgestellte Erbauungszeit der Nenniger Villa auf Traianische Zeit geführt worden sei, und Hr. Prof. Brambach spricht von „wirklichen oder scheinbaren Fachmännern, die sich ihres eigenen Urtheils begeben und Fälschungen, die gewiss nicht zu den raffinirten zählen, Glauben geschenkt", „Offener Brief", S. 10, und bedauert sehr, „dass der verdienstvolle Gelehrte, von Wilmowsky, der treffliche Kenner der Antike, die von ihm wenigstens gesehenen Inschriften für echt hält"; l. c. S. 14. Was hier zwischen den Zeilen zu lesen, bedarf keines Commentars.

Unabhängig davon ist in jener Sitzung die Aeusserung gefallen, dass die Neuniger Inschriften ein Product der fränkischen Zeit sein möchten, „weil in Trier belangreiche Inschriftenfälschungen in jener Periode vorgekommen seien". Wer nun die Bemerkung des Hrn. Prof. Brambach unter No. 84 der „lapides spurii"[1]) gelesen hat, wird sofort wissen, was jene angeblich „belangreichen Inschriftenfälschungen aus fränkischer Zeit" zu bedeuten haben: es sind die Inschriften gemeint, welche die Diaskeuasten der Gesta Treverorum in die Erzählung der vorchristlichen Geschichte des trierischen Landes und Volkes eingeflochten haben[2]). Man könnte nun allerdings, nachdem bereits der alte Brouwer das Verdammungsurtheil über die assyrische Stammsage der Treverer, sofern sie sich als echte Geschichte geberdet[3]), und Honthheim über die ganze Partie der Gesta, welche die Geschichte Triers vor der Eroberung des Landes und der Stadt durch die Normannen umfasst, mit ausführlicher Angabe der Gründe ausgesprochen[4]), es für ein sehr überflüssiges Unterfangen ansehen, nochmals über die Trebetasage und die mit ihr zusammenhangenden Sagenreste ein Wort zu verlieren. Doch da man, wie eben angedeutet, in der neuesten Zeit gerade auf die textliche Gestaltung jener fabelhaften Urgeschichte ein ganz ungebührliches Gewicht gelegt und sie wegen der auffallenden Form einzelner Theile als eine absichtliche, auf Täuschung abzielende Fälschung hinstellen will, so kann es der guten Sache keineswegs etwas schaden, den Ursprung und die allmähliche Entwicklung jenes Theiles der Gesta von einem andern Standpuncte aus zu beleuchten, als es bisher geschehen.

Rom galt in der republicanischen Zeit für eine troianische Colonie[5]). Die römisch-troianische Stammsage ist also keine Erfindung Virgil's zu Gunsten des Iulischen Geschlechtes, das seinen Ursprung von Aeneas, dem flüchtigen Troer, ableitete. Auch die Kelten sollen jener kleinasiatischen Mutterstadt entstammt sein[6]). Zahlreiche Städte Westeuropa's, so Paris und London, hatten irgend einen Sprössling der Priamiden-Familie zum Stammvater.

---

[1]) Appendix zum Corpus Inscriptionum Rhenanarum p. 368: „quae de Iove Vindice Treberorum referuntur, pudet describere (Ortelius 63, Reines syut. I 21, p. 47, Wyttenbach Forsch. 8, Conrad 8.)".
[2]) Perts, Monum. Germ. hist. VIII p. 130—146 (Gesta Gallorum Treverorum) = Gesta Trevirorum ed. Wyttenbach & Müller c. I—XXIV.
[3]) Chr. Broweri Antiquitates et Ann. Trev., Leodii 1670, p. 6 sqq.
[4]) Der Weihbischof Honthheim hat an verschiedenen Stellen seiner Werke darüber gesprochen, so in Hist. Trev. Diplom. Tom. I p. XVIII sqq., im Prodromus Histor. Trev. p. 731 sqq. Beatus Rhenanus, 1485 bis 1547, soll die Trebetasage zuerst angegriffen haben: allein schon Otto von Freising (I 6) spottet über dieselbe, indem er von Hero, dem Sohne des Trebeta, sagt: Hero aut forte Hiero, ut ad veterem quempiam tyrannum fabula alluderet. Näher als der Tyrann von Syrakus hätte allerdings der Galater Hieras, der Gesandte des Königs Deiotarus, (Cicero pro Deiot. 15, 41) gelegen, wenn Otto diesen gekannt hätte. Vergl. Gesta Trev. c. IX über Galatae = Treveri.
[5]) Sallust. Catil. 6.
[6]) Timagenes bei Ammianus Marcellinus XV 9. Lucan. Phars. I 427 beschränkt diesen troischen Ursprung auf die Arverner; aber auch die Aeduer nahmen ihn in Anspruch. Liv. Epit. 61, Strabon IV 192, Caes. B. Gall. I 33 (fratres consanguineique = frères et cousins), Eumenius Panegyricus Aug. Const. c. 21 (fraternum populi Romani nomen Aedui), Tacit Ann. XI, 25 (soli Aedui fraternitatis nomen cum pop. Rom. usurpant), Cicero ad Fam. VII 10 wissen davon. Im Mittelalter glaubten sämmtliche keltische Völker an die Abstammung von Troia; vermuthlich breitete sich jene Sage von der Auvergne aus; Wattenbach l. c. 8. 77, Note 4.

Die Franken gingen weiter. Sie hatten zwar mit dem Lande der Kelten auch die troische Stammsage überkommen, aber einzelne Stämme der Franken begnügten sich nicht mit jenem Ursprung aus dem heroischen Zeitalter. Daher sagt die Lex Salica in echtfränkischer Weise: „Gens Francorum inclyta, auctore Deo condita" — offenbar ein in christliche Harmonie umgestimmter Nachklang des germanischen Tuisco- oder, wenn man lieber will, des keltischen Dis-Mythos [1]). Ein solcher unmittelbar „göttlicher Ursprung dieses so herrlichen Volkes" konnte in christlicher Zeit nicht leicht überboten werden. Trier aber, die älteste Stadt diesseit der Alpen — ein Ruhm, der ihr im ganzen Mittelalter nicht bestritten wurde — überbot mit seiner Stammsage doch wenigstens die römische, keltische und fränkische Troiasage. Diodoros der Siculer erzählt, Troas habe einst zu Assyrien, dem ältesten Weltreiche [2]), in Clientelverhältniss gestanden, und wie Platon mittheilt, habe Priamos im Vertrauen auf die Macht seines Patrons den Hellenen den Kampf angeboten [3]). Kenntniss dieser Umstände, welche eine Abstammung von dem alten Assyrien wünschenswerther als von dem jüngern Troia, dem unterthänigen Clicutelstaate, erscheinen liessen, wollen wir den Chronisten Triers nicht zutrauen — genug, dass man seinen Stammbaum bis auf das älteste Weltreich, auf Nimrod, „den gewaltigen Jäger vor dem Herrn", zurückführen konnte. Diese assyrisch-treverische Stammsage will auf viel gewichtigerer Grundlage, als auf den unsichern Angaben einiger heidnischen Schriftsteller beruhen: sie ist durch — Inschriften bezeugt [4]).

Thiotfrid, Abt von Echternach von 1083—1106, gestorben 1110, erzählt in seiner Lebensbeschreibung des heiligen Willibrord [5]): „in metropoli vero urbe treverica, quae, ut moderno tempore in tumba quadam editissima inventa declarant epygrammata, condita et Treberis nominata est a privigno Semiramis, Nini victoriosissimae coniugis, Trebeta, quem ipsa non contenta suis nec totis finibus orbis a patrio expulit regno novercali odio et invidia, in urbe, inquam, tanta, quae caput Europae cognoscitur anteritate etc." Zur Vergleichung setzen wir folgende Parallelstellen aus andern Schriftstellern hieher:

1. Aus den Gesta Treverorum [6]): „(Ninus) sagittae ictu interiit, relicta uxore Semirame, cum duobus filiis, Trebeta et Ninia . quorum primus, videlicet Trebeta [7]), ex regina quadam Chaldaeorum, quam ante Semiramem duxerat, ... natus erat . occiso Nino, Semiramis privignum suum Trebetam maritum ducere voluit eumque renitentem et execrantem invidia ac libidine stimulata tamdiu persecuta est, donec eum patria polleret et regno . pulsus igitur .... transfretato mari mediterraneo ... venit ad Mosellam ... captus itaque amoenitate loci ibidem subsistere delegit urbemque constituit, quam ex suo nomine

---

[1]) Tacit. Germ. 2: celebrant (Germani) ... Tuisconem deum terra editum et filium Mannum, originem gentis conditoresque. Caes. B. Gall. VI 18: Galli se omnes ab Dite patre prognatos praedicant.

[2]) Iustin. hist. I 1, Orosius I 1, beginnen mit Ninus.

[3]) Baehr zu Herodot. I 4.

[4]) Die nachfolgende Erörterung ist, so vielfach sie auch mit der Waitz'schen Einleitung zu den Gesta in den Mon. SS. übereinstimmen mag, doch durchaus selbständig und unabhängig von Waitz entworfen worden, dessen Abhandlung ich erst vor einigen Wochen kennen lernte.

[5]) Codex manuscriptus der trierischen Stadtbibliothek, No. 54. Blatt 21 a.

[6]) ed. Wyttenbach et Müller, cap. I—III. = Pertz Mon. SS. VIII p. 130 sq.

[7]) Trebetas nach andern Handschriften.

Trebcrim appellavit .... anno VII. aetatis Abrahae patriarchae . originem gens, quae incoluit eam, de Gomer filio Japheth, filii Noë, duxit et ex candore corporum nomen [1]) assumsit: gens et urbs antiquissima, antequam in Europa gentes neque urbes fuerunt; sed quae modo sunt, vel ex illa vel postmodum esse cooperunt .... Trebeta mortuo, Hero filius in principatu successit, qui patrem secundum ritum gentilitatis igne combustum in vertice Iurani montis tumulavit, cui etiam aras instituit et sibi subiectis ut Deum adorare praecepit .... Hero patris sui merita tabulae marmoreae inscripsit, quam ad eius memoriam pariter et futurorum notitiam cum eo recondidit ad instar huiuscemodi:

Nini Semiramis, quae, tanto coniuge felix,
plurima possedit, sed plura prioribus addit,
nec contenta suis, nec totis finibus orbis
expulit a patrio privignum Trebeta regno,
profugus insignem nostram qui condidit urbem,
Treberis huic nomen dans ob factoris amorem,
quae caput Europae cognoscitur anteritate.
filius huius Hero patris haec epigrammata pono:
cuius ad inferias hic cum Iove Mars tenet aras.
sidere concordi pax est, non dissocianti.

2. Aus Justinus [2]): „primus omnium Ninus, rex Assyriorum... intulit bella finitimis .... decessit relicto impubere adhuc filio Ninya et uxore Semiramide.... multa et alia praeclara huius reginae fuere . siquidem non contenta acquisitos viro regni terminos tueri, Aethiopiam quoque imperio adiecit . sed et Indiae bellum intulit, quo praeter illam et Alexandrum Magnum nemo intravit . at postremum cum concubitum filii petisset, ab eodem interfecta est".

3. Aus Orosius [3]): „(Semiramis) non contenta eorum terminis mulier, quos a viro suo tunc solo bellatore in quinquaginta annis acquisitos susceperat [privignum suum Trebetam regno expulit], Aethiopiam bello oppressam, sanguine interlitam imperio adiecit.... haec libidine ardens .... cum omnes, quos regiae accersitos meretricie habitos concubitu oblectasset, occideret, tandem filio flagitiose concepto, impie exposito, inceste cognito privatam ignominiam publico scelere obtexit" etc.

4. Aus Brouwer [4]), welcher die nachfolgenden Worte als dem Orosius entnommen citirt:

---

[1]) nomen Gallorum lesen die bessern Handschriften bei Waits; also Galli, Γαλάται von γάλα lac. K. Fr. Meyer, die keltische Völker etc. Berlin 1863, S. 40 gal, kel, khal flavus, gilvus; cfr. Balthae, Bracteri etc.

[2]) Hist. I, 1 u. 2.

[3]) Historiarum lib. VII adversus paganos, sive contra accusatores temporum christianorum, I 4. Das Citat ist nach dem Codex der trierischen Stadtbibliothek No. 87 fol. XVa wiedergegeben. Die eingeklammerten Worte stehen am Rande, doch so, dass der Schreiber sie als integrirenden Bestandtheil des Textes betrachtete. Die beiden andern Manuscripte der hiesigen Stadtbibliothek haben dieselben nicht.

[4]) Antiquitates et Annales Trev. I p. 6; nach der gedruckten Ausgabe von 1670 und dem Manuscripte der hiesigen Stadtbibliothek No. 120. Die im Drucke ausgezeichneten Worte sind aus den Gesta entnommen und dem Orosius zugeschrieben, während das ganze Brouwer'sche Citat sonst mit den Orosiusmanuscripten der hiesigen Stadtbibliothek und dem ersten Capitel der Gesta (nach der W. und M.'schen Ausgabe) stimmt.

poet.... (Ninus) sagittae ictu interiit, uxore post se relicta Semiramide cum duobus liberis, Nino et Trebeta.

Trebeta also, der flüchtige Stiefsohn der Semiramis, hat Trier gegründet — das bezeugen die in seinem Grabe gefundenen Inschriften. Wir zweifeln an dem ehemaligen Vorhandensein einer solchen „tumba editissima", wie sie Thiotfrid als Fundort der Inschriften bezeichnet, gar nicht, wohl aber an der Richtigkeit und Volksthümlichkeit der andern Mittheilung der Gesta, dass Trebeta's Grab „in vertice montis Iurani", also auf dem Deumelberg, in dem heute so genannten Franzenknüppchen, gewesen sei [1]). Man kannte im Mittelalter den Zweck jenes Hügels, nachdem er durch öftere Umwühlung und Zerstörung unkenntlich geworden, nicht mehr und dichtete ihm, da er an einer auffallenden Stelle lag und man doch für den Gründer der Stadt ein Grab und ein kostbares Grabmal haben musste, die Ehre an, die Gebeine des flüchtigen Assyriers zur ewigen Ruhe aufgenommen zu haben.

Wir denken uns aber die Entstehung jenes Grabes und der in ihm gefundenen Inschriften etwas anders. In der Zeit des Thiotfrid nicht allein, sondern auch schon früher und noch später, durchwühlte man die alten Denkmäler und Coemeterien nach Schätzen und Gebeinen von Heiligen [2]), brach die alten Bauwerke ab, um die Steine zu benutzen, und bei einer solchen Gelegenheit fand man ein Bauwerk, das man für eine Grabkammer, ein Columbarium, ansah, und es war, so vermuthen wir, aufgemauert aus Bruchstücken echtrömischer Inschriftsteine, vielleicht jener, welche Constantin nach Wiederherstellung der Stadt Trier setzen liess. Eumenius, der Rhetor aus Augustodunum, spricht von grossartigen Restaurations- und Neubauten, welche der Kaiser in Trier ausführen liess, von der Feier des Geburtstages der Stadt Trier [3]) und es ist kaum glaublich, dass Constantin, der, „mehr Spötter als Schmeich-

---

[1]) Die „tumba editissima" ist ein ganz verschwommener Ausdruck, bei welchem man an einen (den etrurischen ähnlichen) Grabhügel oder einen tumulus, wie sie bei uns so häufig sind, oder sogar an ein Denkmal, wie das Igeler, mit einer Grabkammer darunter, denken kann.

[2]) Ph. Schmitt, die Kirche des heiligen Paulinus, S. 348. Die Bauthätigkeit begann in Trier (nach dem Normannenzuge von 882) in grösserem Maassstabe erst mit 934, Wiederaufbau von St. Maximin.

[3]) Der Panegyricus des Eumenius auf den Augustus Constantin worde gehalten im Jahre 310 (die im Texte angedeuteten Stellen sind abgedruckt bei Steininger, Geschichte der Treverer unter der Herrschaft der Römer, S. 230 Note). Der Redner spricht vom Geburtstage der Stadt Trier (civitatem, cuius natalis dies tua pietate celebratur), unter welchem, wie seine Worte selbst bezeugen, er doch nicht den Tag der Neuerbauung gemeint haben kann. In Rom waren die letzten Säcularspiele im Jahre 1001, in Gallien 1051 der Stadt (298 n. Chr.) unter Diocletian und Maximian gefeiert worden. Wenn Constantin zwölf Jahre später den dies natalis der Augusta Treverorum feierte, so ist es nicht unwahrscheinlich, dass er grade das Jahr 310 n. Chr. wählte, um die Stadt neu aufzubauen, weil dieses Jahr der Anfang des vierten Säculums war, seit August die Colonie gegründet. Letztere Thatsache fiele also in das Jahr 9—10 n. Chr. Wir wissen wohl, dass wir mit dieser Ansicht in Widerstreit gerathen mit dem Monumentum Ancyranum, der Abschrift des vom August hinterlassenen „Index rerum a se gestarum", welcher bloss von Gründung von Colonien im Narbonensischen Gallien spricht. August starb XIIII Kal. Sept. 767 = 19. August 14 n. Chr., sein Testament ist datirt III Non. Apr. 766 = 3. April 13 n. Chr., und bestand ausser den eigentlichen letztwilligen Verfügungen (in doppelter Abschrift) noch aus drei Rollen, von denen die mittlere jenen Index enthielt; Sueton. Octav. 101; letzterer sollte in Erztafeln eingegraben werden. Unsere Behauptung nun verlangt als Unterstellung, dass August jenen Index vor 763 a. u. c. angefertigt und erst in diesem Jahre den Befehl zur Absendung von römischen Colonen nach Trier gegeben habe; dadurch dass die Abfassung des Index vor letztern Termin fällt, wäre also die Nichtaufführung der Colonieen in Gallia Belgica entschuldigt. Bei einer vor Niederlegung jener Schriftstücke im Tempel der Vesta vorgenommenen Revision hätte man also die Nennung der Colonia Augusta Treverorum übersehen

lor", dem guten Traian wegen der vielen Inschriften, die derselbe setzen liess, den Spitznamen „Mauerpfeffer ¹)" gab, eine so glänzende Gelegenheit habe vorübergehen lassen, ohne sich neben August als den zweiten Gründer der altera Roma zu verewigen. Trümmer dieser Inschriften und anderer, z. B. einer Ara, welche Soldaten der Legio XXII Primigenia Pia dem Mars und Iupiter (siehe die oben gegebene Inschrift, v. 9) gesetzt haben mögen ²), sind zu einem später für eine Grabkammer ausgegebenen Bauwerke verwendet worden. Auf den Fragmenten dieser Steine lasen die mittelalterlichen Entdecker etwas von einer Gründung der Stadt Trier und mit Hülfe weit ausgreifender Divination und bei dem bekannten Bestreben der fränkischen Chronisten, die Geschichte ihres Volkes und Landes, so weit es irgend möglich war, von der Verbindung mit Rom loszulösen, schufen sie aus diesen und ähnlichen Wortresten, wie etwa: (Satur) NINI FILIVS, PRI, VI, GNI, SEMI, ET, TREV, IIER, jenen Trobeta Nini filium et Semiramidis privignum als urzeit-

---

und dieselbe auch nach Augustus' Tode nicht mehr beifügen können. Das ist nicht gerade unwahrscheinlich, besonders da August das Ganze nicht selbst geschrieben hatte. Viel unwahrscheinlicher aber ist es, dass August oder einer seiner nächsten Nachfolger an der Stelle, wo die Colonia Augusta gegründet wurde, bereits eine Stadt, urbs oder oppidum, vorfand. Als Labienus, 53 vor Chr., die Treverer schlug, lag er, wie Napoleon III. (Vie de César, vol. II pag. 200) nachgewiesen, bei Lavacherie in Belgisch-Luxemburg, ungefähr 88 Kilometer vom heutigen Trier; am steilen Ufer der Ourthe wurden die Treverer geschlagen und Labienus soll — so sagte man bisher gewöhnlich — wenige Tage nachher die Stadt Trier eingenommen haben. Aber auffallender Weise hören wir keinen Namen nennen — das hat schon der alte Noller gemerkt — während Cäsar doch in Belgien und den Grenzstrichen wenigstens ein halbes Dutzend Städtenamen nennt, und die Hauptstadt eines mächtigen und stets zum Widerstande geneigten Volkes soll Labienus dem Cäsar zu berichten für nicht nöthig befunden haben? Allein Labienus hat die Stadt Trier nicht eingenommen, weil eben keine vorhanden war: civitatem recepit, sagt Caesar, d. h. ex rebellione et defectione, wie Kraner ad h. l. richtig erklärt; Labienus nahm die Völkerschaft, die Gemeinde, den Staat Trier wieder in Gnaden auf. Civitas kann nach dem Sprachgebrauche Cäsar's niemals = urbs oder oppidum sein, so scheinbar auch einzelne Stellen dafür sprechen; z. B. Bell. Gall. III 20: Tolosa et Narbo civitates. Allein was ist oppidum et civitas, urbs et civitas, Verbindungen, die bei Cäsar oft genug vorkommen? Und folgende Stelle: Haec civitas (Treverorum) Rhenum tangit ... in ex civitate duo de principatu contendebant ..... quo facilius civitatem in officio teuerent ... quoniam civitati consulere non possent — alles von Trier und seinen Häuptlingen gesagt? In dem Capitel 3 Buch V, aus welchem diese Worte entnommen, steht civitas siebenmal. Fünfmal soll es Bürgerschaft, Gemeinde, Staat, sogar plebs und auch zweimal urbs bedeuten! Das kann nicht zugegeben werden. Civitas, sagt Cicero, concilium coetusque hominum iure sociatus, also πολιτεία, nicht πόλις, wie der griechische Metaphrast Cäsar's civitas übersetzt. Ferner ist auch nicht erforderlich, dass dort, wo eine Colonie gegründet werden sollte, bereits ein bedeutender Ort vorhanden gewesen. Ein naheliegendes Beispiel ist die Colonia Agrippina — ein ebenfalls vorher namenloser Ort. Das Höchste, was wir zugeben können, ist, dass im trierischen Thale einige grössere Gehöfte — vici bei Cäsar — bestanden, so etwa der inschriftliche vicus Voclannionum, dessen Name gar nicht lateinisch aussieht, Cons, das eher vom keltischen condate = confluentes (Mosellae et Sarvi) abstammt, als von dem (noch zweifelhaften) Contionacum. Zwischen diese vici, die nach alter Sitte weit aus einander lagen, bauten die Colonen ihre neue Stadt nach den Maassverhältnissen des Lagers. Was Cäsar ein oppidum nennt, dürfen wir an der Stelle, wo Trier liegt, auch gar nicht suchen, eher auf einem der benachbarten Bergrücken. Mit dem Ruhme der Stadt Trier, die älteste Stadt diesseit der Alpen zu sein, ist es also gewiss nicht weit her: es ist nur der Reflex ihrer spätern Bevorzugung als metropolis Galliae belgicae. Da dies die fabelhafte Urgeschichte Triers berührt, so glaubten wir, an dieser Stelle die Frage nach der Gründungszeit unserer Stadt einer Besprechung unterziehen zu dürfen.

¹) Aurel. Victor epit. 41: (Constantinus) Traianum herbam parietariam ob titulos multis aedibus inscriptos appellare solitus erat.

²) Die Legio XXII primigenia stand seit Claudius am Oberrhein, auf kurze Zeit auch am Niederrhein, und erscheint sehr häufig auf Inschriften, cfr. C. I. Rh. pag. 357, in Trier selbst auf einem Ziegel, l. c. No. 829.

2

lichen Gründer der Stadt Trier. Der Ueberarbeiter der Gesta verlangt auch nicht von uns, dass wir die von ihm angeführten Verse als den Wortlaut der gefundenen Inschrift hinnehmen sollen, sondern er sagt bloss, die Grabschrift des Trebeta habe ad instar huiuscemodi, „ungefähr in folgender Art" gelautet [1]). Nachdem nun der Assyrier Trebeta entdeckt war, verbrämte man ihn mit einigen Anekdötchen aus Iustinus und zusammengerafften Synchronismen aus Hieronymus, indem man nach der gefälschten Zeitrechnung der Genesis die Semiramis zu einer Zeitgenossin Abraham's machte. Abraham wurde gegen 2927 v. Chr. zu Ur in Chaldäa geboren, die Glanzepoche der Semiramis fällt aber auf 1273 v. Chr. [2]). An der lateinischen Sprache jener Inschriften nahm der Chronist keinen Anstoss, der Stiefsohn der Semiramis war von Iustinus vergessen oder in der Eile des Excerpirens übersehen worden, und ihm schrieb man, weil man keinen bessern Grund seiner Flucht zu erfinden wusste, dieselben Verfolgungen seitens seiner Stiefmutter zu, wie sie Ninyas, nach der Erzählung des Iustinus, von ihr, seiner leiblichen Mutter, erduldete. Orosius hat dieses Bild bis ins Abscheuliche detaillirt ausgemalt, entsprechend dem Zwecke seines Werkes. Den Trebeta verjagte Semiramis, während sein Stiefbruder sich zur Wehr setzte und das schamlose Weib erschlug [3]).

Um diesen Sagenkern, den wir uns etwa ein bis zwei Menschenalter vor Thiotfrid's Geburt durch jenen zufälligen Inschriftenfund entstanden denken [4]), schossen im Laufe der Zeit Reste echter Sage und Geschichte an [5]); wo dergleichen fehlte, ward frei erfunden, so weit eben die Gabe der Erfindung ausreichen wollte; die Dichtkunst bemächtigte sich des Stoffes und so erkennen wir schon in Thiotfrid's Worten die metrische Form Silbe für Silbe. Auf diesem Wege entstanden die prosaischen Erzählungen und meist metrischen Inschriften auf dem Grabe Trebeta's, auf dem wunderbaren Standbilde des Iupiter Vindex Treberorum, auf den fliegenden Mercur (deus ales), auf dem Grabe des Senators Arimaspes, dem treverisch-lingonischen Grenzstein, u. s. [6]), — welche alle eben so wenig Anspruch darauf erheben, für

---

[1]) So bescheiden sind freilich die jüngern nichttrierischen Chronisten nicht. Otto von Freising (I 6) weiss, dass zu seiner Zeit, gegen 1143, jenes Epitaphium gefunden worden, bei andern ist es ein alter Stein (monumentum) auf babylonische Art gebaut. Man sieht, wie Thiotfrid's Worte ohne alle Veränderung abgeschrieben und mit einigen Missverständnissen in dritte und vierte Hand übergingen.

[2]) Ch. K. J. Bunsen, Aegyptens Stelle, IV 284.

[3]) Wahrscheinlich um über die Schwierigkeit der beiden Söhne (von denen die Geschichte nichts weiss), hinwegzukommen, dichteten Einige eine Fahrt der Semiramis nach Trier, wo sie von Trebeta (= Ninyas) erschlagen worden sei. H. F. Massmann, die Kaiserchronik III p. 515 aus der Chronik des Königshofen.

[4]) Um 980 n. Chr. cfr. Gesta c. 45, wo die Treberi schon „victores quondam gentium" heissen.

[5]) Wie verführerisch klang nicht der Bel an die Belgen und den keltischen Belenus an (Anson. Profess. IV 9 und X 18)? Aber was sollen wir mit dem Senator Arimaspes (dem Einäugigen?) und seinem Mörder Eptes anfangen? Ist hier ein alter Rest der Siegfriedsage erhalten? Wuotan = Einonga? Eptes ist (nach keltischer Etymologie) == rixator, maledicus.

[6]) Wie aus der Prosa nach und nach Metrisches erwuchs, zeigt ein Gesten-Codex aus dem 13. Jahrhundert, der in Cap. VI hinter die Worte longe lateque dominari coeperunt folgende Uebung in gereimten Hexametern eingeschoben hat, Pertz Mon. 88. p. 132:

Treberis innumeris bellorum compta triumphis
cum populis fortes [.....] quinque subegerat urbes,
a quibus immensam convexit tollere censum,
quo locupletari coepit nimis et dominari.

Vergl. Laven, Trier und seine Umgebung in Sagen und Liedern, S. 277.

echte alttreverische Inschriften aus der vorrömischen Periode der Landesgeschichte su gelten, als alle die Grabschriften der griechischen und lateinischen Anthologie, bei Ausonius u. a. auf Helden, Dichter und Staatsmänner und die „Elogia" auf Romulus und P. Valerius Publicola und andere „viri clari" in der Orelli'schen Sammlung oder die verloren gegangenen, von T. Pomponius Atticus angefertigten Epigramme, Aufschriften, auf berühmte Römer[1]) je für gleichzeitige Schriftdenkmäler gehalten werden wollten.

Zur grössern Beglaubigung unserer Hypothese über den Ursprung der Trebetasage aus missverstandenen Inschriftenresten führen wir ein derselben ganz paralleles Vorkommnis[2]), nämlich die Entstehung des Namens Troia, Klein-Troia für Xanten, Castra Vetera am Niederrhein, an. Ein glücklicher Zufall hat uns die Inschriften, auf welche sich dieser sonderbare Name gründet, gerettet. Es sind die No. 199 und 314 im Corpus Insc. Rhen. Von ersterer ist freilich nur mehr ein unbedeutendes Bruchstück (im Bonner Museum) vorhanden, der Rest ist verloren, aber die Worte sind erhalten. Sie lauten:

DIS . MANIBVS
M.VETTI.SATVR
NINI. VET . LEG.
XXII . P . P . F . CIVI
TRAIANENSI . M .
ANTONIVS . HONO
R A T

Der Stein selbst wurde su Xanten gefunden. Der andere, welcher 1674 beim Neubau eines Nonnenklosters an St. Cunibert in Köln gefunden und von Crombach in mehren Abschriften aufbewahrt wurde, enthält die Zeile

CIVES . TRAIANENSES

welche allerdings, da der Stein nicht mehr vorhanden, Hrn. Prof. Brambach verdächtig scheint. Die Inschrift stammt nach ihrer Zeitangabe aus dem Jahre 187 n. Chr. Hieher gehört denn auch der in Mainz 1821 gefundene und noch vorhandene Stein (C. I. Rh. 1116) mit der Zeile LEG . II . TROIANE

den Hr. Prof. Brambach, trotz der unerhörten zweiten troianischen Legion, nicht mit einer Silbe verdächtigt hat, während Prof. J. J. Braun[3]) schon darauf aufmerksam machte, dass der Stein Granit sei, eine Steinart, welche „die Römer mindestens nicht in der Regel su Inschriften" su benutzen pflegten. Aus diesen Inschriften und einigen andern noch vorhandenen, in welchen die Civitas Vlpia Traiana mit C . V . T., C . T R . V L. (C. I. Rh. 10, 82, 213, 216) bezeichnet ist, entstand durch falsche Lesung die Colonia Troiana, Troia parva, aber dennoch geben wir gern zu, dass sich ein älterer vorgeschichtlicher Zusammenhang der fränkischen Völker des Niederrheins mit den troischen Phrygiern, den Brygen in Makedonien und den Bebrykern nachweisen lasse[4]).

Bemerkenswerth ist noch die Namensform Trebeta in ihrem Verhältnisse su Treveri,

---

[1]) Corn. Nepos, vita Attici c. 18.
[2]) Weiter unten werden wir zwei andere nach Trier gehörende Beispiele der Art besprechen.
[3]) Die Troianer am Rhein, Winckelmannsprogramm von 1856, p. 8.
[4]) Etymologisch wenigstens ist franche = φρύξ = Φιλνθιρός. Grimm, deutsches Wörterbuch s. v. frank.

2*

— 16 —

statt deren man eher **Treveta** oder doch **Trevor**, **Trevir** nach Analogie der hellenischen Stammtafeln (Hellen von Hellenes abstrahirt) erwarten konnte. Andere Chronisten, schon Sigebert von Gembloux, von 1030 bis 1111 [1]), also ganz gleichzeitig mit Thiofrid von Echternach, nennen wirklich **Treber** als Gründer Trier's, andere König **Treverus**[2]), aber immer noch als Ninus' Sohn. Als man später nach Veröffentlichung der Germania des Tacitus [3]) den Tuisco-Mythos und die Ansprüche der alten Treverer auf germanische Abkunft kennen lernte, wurde **Trever** ein Sohn oder Enkel des Tuisco — eine Abstammung, die in Trier wenig Anklang gefunden hat, obwohl sie, euhemeristisch behandelt, dem wahren Verhältniss besser entsprochen haben würde, als der assyrische, weder keltische noch germanische, Königssohn. Der Name **Treveri** erscheint in dieser einzig echten Form auf Inschriften und in guten Handschriften. Verschiedene sprachliche Gründe haben abweichende Formen herbeigeführt: so die echtrömische dunklere (pinguior, sagen die Grammatiker) Aussprache des *i* in *vir*, welche bis zu *u* hinüberschwankte, anlautend an das griechische *v*, und so zugleich mit dem Itakismos die Form Τρίβυρις hervorbrachte; dann mussten die Griechen, denen die lateinische Spirans *v* seit alter Zeit abhanden gekommen war — man denke an das homerische Digamma — diesen Laut durch β ersetzen oder, dem doppelten Lautwerthe des r entsprechend, durch ου; daher die Formen Τρίβεροι, Τρήβιροι, Τυρίουηροι u. a. [4]). An diese Formen schliesst sich der Verfasser der ersten Recension der Trebetasage an, welcher fast durchgängig **Trebiri**, **Treberi**, **Trebiris**, **Troberis**, **Trebereses**, selbst in den Auszügen aus Cäsar's Tagebüchern schreibt, in denen sicherlich in keiner guten Handschrift **Trebiri** oder **Treberi** steht. Die trierischen Handschriften des Orosius haben an den entsprechenden Stellen (der gallische Feldzug Cäsars im sechsten Buche der hist. adv. pag.) **Treviri** und **Treveri**. Sicher würden wir fehlgreifen, wenn wir in der Schreibung **Trobiri** einen griechischen Einfluss erkennen wollten[5]). Einfacher lässt sie sich für die trierischen Handschriften der Gesta auf die schon frühe eingerissene Verwechselung von *v* und *b* (*rivas* = *bibas*) zurückführen, die vielfach auf Inschriften jüngerer Zeit erscheint. Später wurde durch die schottischen Mönche die keltische Aussprache des *v* = *f* eingeschleppt und vielleicht wollte man durch die Schreibung **Trebiri** den alten Laut vor der Verderbniss zu **Trefiri** retten, da selbst die deutsche Orthographie von diesem Uebel angesteckt wurde; man vergleiche goth. **fadar**, ahd. **fater** mit **Vater**, goth. **fidvor**, **fugls**, **faihu**, **filu**, **fulls** mit **vier**, **Vogel**, **Vieh**, **viel**, **voll** und **füllen**; die Aussprache von **Vesper**, **Vogt** (advocatus), **Vettel** (vetula), **Veilchen** (viola), mit der von **Wein** (vinum, ahd. win), **Weiher** (vivarium) u. a. — Ferner ist in **Trebeta** die Endung **ota** auffallend. In dem oben angeführten Bruchstück (Inschrift auf dem Grabe Trebeta's) ist **Trebeta** Accusativ, während andere Chronisten, auch der Interpolator des

---

[1]) Chronographia, Pertz Mon. SS. VI 300—374 zum Jahre 413.
[2]) So ein Cod. Monac. germ. nach Massmann l. c. p. 516. cfr. Nipperdey zu Tacit. Ann. I 41.
[3]) Die edit. princ. erschien s. l. e a. wahrscheinlich 1470, eine zweite 1472 zu Bologna.
[4]) Die äusserst bunte Reihe der Lautveränderungen, welche **Treveri** durchlief, ist von Schneemann in Commentat. rerum Trever. (Progr. des Gymnasiums zu Trier, 1844) aufgeführt werden.
[5]) Sehr auffallend ist die Form **Trebereses**, die öfters in den Gesten vorkommt, verglichen mit Τρίβυρις bei Lydus. Aehnlich ist Teutones — Teutoni, Santones — Santoni, Turones — Turoni bei Caesar, Lingones (Caes.) — Lingonus (Tacit.).

Orosius in der obigen Stelle, Trebetam schreiben. Die Form Trebetas, welche der beste Codex der ersten Recension bietet[1]), sucht freilich die Schwierigkeit zu umgehen, dass Trebeta fast indeclinabel erscheint, allein in der Grabschrift muss dennoch Trebeta bleiben. Man sollte fast glauben, der Nominativ habe ursprünglich Trebes, Genetiv Trebetis, gelautet und Trebeta sei der bekannte griechische Accusativ, wie er in den gelehrtern lateinischen Dichtern, Ovid und Propertius, besonders häufig ist. Trebes wäre also keltisch gebildet wie Cinges Cingetis[2]) (als erster Theil in Cingetorix = fortis deminus), Drappes Drappetis[3]) und der spätere Ueberarbeiter der Gesta hätte aus Unkenntniss den Nominativ Trebeta gemacht und andere weiter declinirt: Trebetae Trebetam. Anlehnen liesse sich die Form Trebeta an das keltische treb tref vicus, habitaculum, oppidum[4]), treabhaidhe arator, colonus, κτιστής, ein ganz passender Name für den Gründer der Stadt. Zeuss denkt an das irische trebir, auch trebur trebar, prudens, mit Wechsel zwischen b und v wie in Suevi und Suebi, um Treviri, nicht Treveri abzuleiten[5]), während K. F. Meyer[6]) das obige treb, altkeltisch trev, in der Bedeutung von Zelt als der ursprünglichsten Wohnung des Menschen (Nomaden), herbeizieht.

In welchem Verhältnisse die treverische Stammsage zu der von den Gesta selbst als Quelle angeführten Gallica Historia und zu dem Galba Viator steht, der in Trier gewesen sein will und darüber an einen nicht minder als er selbst unbekannten Licinius (oder Lucinius) Sophista berichtet, scheint schwer zu sagen. Hinter dem Galba, dessen Werk vielleicht „Viator" hiess, aus welchem die Gesta die Märchen von der wunderbaren Statue des Iupiter und dem fliegenden Mercur entlehnt haben, steckt auf alle Fälle ein fabelhafter Reisebericht aus sehr später Zeit, von demselben Schlage, wie die Reiseberichte des Aristeas und Abaris oder der deutsche Herzog Ernst. Am wahrscheinlichsten ist der Ursprung dieser Märchen aus missverstandenen Dichterstellen[7]). Die Gallica historia, in ihrem Charakter als Geschichtswerk dem Galba Viator und seinem angeblichen Buche, den alt- und mittelhochdeutschen Reimchroniken ganz entsprechend, ist ein lateinisches Product

---

[1]) Perlz Monum. 88. VIII p. 130. [2]) Steiner, Cod. Insc. Rheni et Danubii, 2677.
[3]) Caes. B. Gall. VIII. 30, 34, 35. [4]) Vergl. die [Definition des keltischen oppidum bei Caes. B. Gall. V. 21.
[5]) Gramm. Celt. p. 941, 743, 744 [6]) l. c. S. 8.
[7]) Mögen die alten Treverer Kelten oder Germanen gewesen sein, an der Spitze ihrer Götterwelt stand ein Gott, in dem die Römer ihren Mercur wiedererkannten; Caes. B. Gall. VI, 17, Tac. Germ. 9. Es ist der germanische Wuotan, Paulus Diac. Hist. Longobard. I 9, und der keltische Teutates, Lucan. Pharsal. I 444, wie schon allein aus den diesen Göttern gebrachten Menschenopfern hervorgeht. Mercurbilder waren in Gallien sehr häufig (Mercurii sunt plurima simulacra, sagt Caesar l. c. und es sei im Vorbeigehen bemerkt, dass auf der der Inschrift des Corp. Insc. Rhen. 835 (aus Bitburg) ein Mercurius mit dem keltischen Beinamen Vassus caleta l. c. puer durus, firmus, kymr. calet, goth. hardu — man denke an den Mercur, den Vorsteher der Palästra, bei Horaz Carm. I 10, 1, wenn eine andere Erklärung nicht näher liegen sollte; Hr. Pr. Dr. hat trotz der klaren Dativendung Mercurio Vasso Caleti aus dem Vasso Caleti einen Menschennamen gemacht, cfr. Indices zum C. I. R. pag. 379, Spalte 3, Z. 9), aber die alten Treverer hatten doch vielleicht das wunderbarste: es schwebte durch magnetische Kraft frei in einem Gewölbe, Gesta Trev. cap. XXIII = IV (ed. W. & M.). Galba Viator, der Gewährsmann der Gesta, hat es selbst gesehen und noch Ph. Schmitt l. c. p. 341 glaubt an die Möglichkeit der Ausführung, meint aber, das Bild habe in einem Lararium geschwebt. Doch in einem solchen Betcapellchen haben wir, wie dies Aelius Lampridius vita Severi Alex. 29 und 31) bezeugt, ganz andre Götter zu suchen, als die der heiligen Zwölfzahl, und was die mechanische Ausführbarkeit betrifft, so soll zwar nach dem Urtheile Sachverständiger es nicht absolut unmöglich sein, einen eisernen Gegenstand für einige Augenblicke

des Mittelalters, dessen ehemalige Existenz mit Fug nicht geleugnet werden kann¹), wenn wir auch nicht an Velleius Paterculus als den Verfasser desselben denken können. Die Fragmente der Gallica Historia sind in den Handschriften als „Velleii excerpta ex Gallica Historia, Velleii Galli fragmentum de victoria Suevorum contra Romanos" bezeichnet. Was nun die Gesta als aus der Gallica Historia entlehnt bezeichnen, beruht zum grossen Theile auf Orosius und Iustinus. Haben sie nun nicht direct aus diesen beiden Geschichtschreibern, sondern nur vermittels der Gallica Historia die Geschichte des Ninus und Assyriens mitgetheilt, so fiele die Entstehung der Gallica Historia vor den Anfang des elften Jahrhunderts. Allein die fast wörtlichen Auszüge aus Iustinus, Orosius und Cäsar, wie sie der eine Ueberarbeiter der Trebetasage veranstaltet hat, sprechen für unmittelbare Benutzung der genannten Schriftsteller. Das Vorhandensein eines Orosius-Manuscriptes aus dem 8.—9. Jahrhundert in einer der ehemaligen trierischen Klosterbibliotheken ist sehr wahrscheinlich geworden durch die Auffindung eines aus jener Zeit stammenden Fragmentes eines solchen, welches als Buchdecke verwandt war²). Das oben angezogene Orosius-Manuscript No. 87³), welches

---

¹) ...

²) Dasselbe liegt in dem Manuscripte des Orosius No. 83 der hiesigen Stadtbibliothek.

³) Der Schreiber des Codex, Bertoldus, sagt am Schlusse:

Codex tantillus merito scriptoque pusillus.
Dum fini propiat, nos bene letificat.
Quem dum scriptores fugiunt percurrere plures.
Bertoldus demum solus adiuit eum.
Sed nec perscribi potuisset grammate ulli.
Ni foret assiduus remigii stimulus.

Ist die Annahme eines Wortspieles zwischen Remigius und remigium erlaubt, so wäre der Codex auf Betreiben eines Remigius (? Abt von St. Martin, um 980) geschrieben.

mir älter scheint, als der Gesten-Codex No. 30, stammt aus der Bibliothek des Benedictiner-Klosters St. Matthias bei Trier und enthält, was für unsere Zeitbestimmung durchaus nicht unwichtig ist, die Trebetasage als Randbemerkung von einer Hand geschrieben, die mit der des übrigen Textes auf dem Blatte XV durchaus nicht identisch ist. Die Gesta sind in jenem Kloster entstanden; die Gallica Historia wird ihren Ursprung kaum dort zu suchen haben, denn wo man Cäsars Commentarii de Bello Gallico besass und excerpirte, konnte doch kaum ein so fabelhaftes Werk entstehen. Nach den erhaltenen Bruchstücken zu urtheilen, „haben wir unter Gallica Historia ein Werk von reicher Sagenhaftigkeit, namentlich über Cäsar zu verstehen, dessen Kämpfe mit den Sueven (in Gallien, wie in Deutschland) jedenfalls die Grundlage zu den weit nach Deutschland hineingeschobenen Schlachten bilden" [1]). Höchstwahrscheinlich sind dem Keltenbeswinger Iulius Cäsar die spätern Siege der Iulier über die Germanen und Kelten in Noricum und den Grenzländern in der Sagenbildung zugewachsen. Die Kaiserchronik ist, wie Massmann mit sehr triftigen Gründen wenigstens wahrscheinlich zu machen suchte, in Trier entstanden [2]). Soll nun die Gallica Historia von der Kaiserchronik und den Gesta unmittelbar benutzt worden sein, so würden wir für dieselbe den trierischen Ursprung anzunehmen fast genöthigt sein. Das erste Auftauchen der Trebetasage fällt offenbar in das Jahrhundert des Thiotfrid, wenn es auch nicht gewiss ist, dass Marianus Scotus [3]), der gegen 1082—1083 starb, sie bereits angeführt habe. Die erhaltenen Bruchstücke der Gallica Historia gehören nach Massmann's Angabe [4]) Handschriften des 11. und 12. Jahrhunderts an. Wenn die Trebetasage zu diesen Bruchstücken gerechnet werden sollte, so müssen wir die ausführlichere Darstellung der Gesta in dieselbe Zeit verlegen, gegen welche Annahme sich nicht viel wird sagen lassen. Thiotfrid's Ausdruck m o d e r n o t e m p o r e scheint allerdings so dehnbar, als das classische n u p e r, id est, paucis ante saeclis [5]), wie Cicero es definirt, und für eine Zeitbestimmung von sehr geringem Werthe. Eine mittelbare Entlehnung der Gesta aus Orosius und Iustinus wird aber noch unwahrscheinlicher, weil wir neben der prosaischen Quelle auch noch eine andere, eine poetische in doppelter Form, nöthig haben, aus welcher wir uns die eingestreuten Verse excerpirt denken. Die Gallica Historia enthielt gewiss solche metrische Exercitien nicht und die Ueberarbeiter der

---

[1]) H. F. Massmann, Kaiserchronik, III S. 310.

[2]) l. c. S. 290 u. figg. Dagegen sagt Wattenbach l. c., S. 414, mit dürren Worten, die Kaiserchronik sei 1137 in Oesterreich entstanden.

[3]) Marian war 1028 in Irland geboren, lebte als Mönch in Köln und später in Mainz, an beiden Orten als Eingemauerter; cfr. Wattenbach. l. c. p. 331. Marian konnte also die kurz vorher aufgekommene Trebetasage ganz leicht kennen lernen. Ob er sie aber in seine Chronik aufgenommen, wird allerdings sehr zweifelhaft — ein alter Druck der hiesigen Stadtbibliothek hat sie unter dem Jahre 2050 v. Chr. Brouwer erklärt mit den bestimmtesten Worten, dass das Originalmanuscript, aus welchem alle alten Ausgaben abstammen und das damals nach Frankfurt gehört habe, jene Sage nur als Randbemerkung kannte (genau so wie der Orosius-Codex No. 57 von hier), davon habe er sich mit eignen Augen überzeugt. Marian's Autograph befindet sich jetzt im Vatican, nach Wattenbach, l. c. S. 332. Möglich, dass dieser und der frankfurter Codex identisch sind.

[4]) l. c. S. 309. Die betreffenden Handschriften befinden sich in Wien, München, Stuttgart und sonst und enthalten meist das Chronikon Uraugiense des Ekkehard.

[5]) Cicero, de deorum natura II 50, 126; vergl. auch Tacit. Germ. 2: Germaniae vocabulum recens et n u p e r additum etc. wo n u p e r mindestens = drei Jahrhunderten. Die belgischen Gesandten bei Cäsar B. Gall. II 4 sagen schon, a n t i q u i t u s seien die Germanen über den Rhein gegangen.

Gesta haben sie sicherlich auch nicht zum Zwecke der Einschaltung gedichtet. Dass die metrische Quelle aber eine doppelte war, dafür spricht meines Erachtens die Formverschiedenheit der Epigrammata, indem das auf dem Grabe des Trebeta in Hexametern, das des Arimaspes in Distichen, die Widmung der Iupiterstatue aber prosaisch abgefasst ist, was alles mit Nothwendigkeit auf eine dreifache Quelle hinführt.

Mag sich nun dieses Verhältniss der Gesta zur Gallica Historia, dem Galba Viator und der Kaiserchronik gestalten lassen, wie es eben angeht: die gegenseitige Benutzung mit Zuhülfenahme des Orosius und Iustinus ist ziemlich sicher. Aber Eins ist noch viel sicherer: die Trebetasage in der dreifachen Fassung, wie sie in der Wyttenbach-Müller'schen Ausgabe der Gesta Trevororum vorliegt [1]), ist weder eine absichtliche Geschichts- noch Inschriftenfälschung im modernen Sinne, eben so wenig, als in Virgil's Aeneide oder des Livius beiden ersten Büchern „historiarum ante conditam condendamve urbem" trotz nachweisbarer und schon oft nachgewiesener ungeschichtlicher Bestandtheile eine böswillige Geschichtsfälschung vorliegt. Und wenn wirklich den Römern ihr troianischer Ursprung von den Griechen — es wird ein gewisser Diokles aus Peparethos genannt — aufgelogen worden ist, so sind doch Livius, Sallust und Virgil daran unschuldig. Wie sie im guten Glauben handelten, eben so der erste prosaische Bearbeiter der assyrisch-treverischen Stammsage.. Er combinirte die gefundenen Inschriftenfragmente und umkleidete diesen Gerippe mit geschichtlichen Notizen, so gut er es eben verstand. Dem dichterischen Bearbeiter stand das Recht zu, verwandte Sagenstoffe, die sich im Volksmunde oder sonstwie erhalten hatten, herbeizuziehen und so ein ziemlich ausgedehntes Sagengewebe zu schaffen, aus welchem der ältere Bearbeiter ganz unbefangen selbst die sagenhaft umgestalteten echt geschichtlichen Notizen schöpfte, während der jüngere Ueberarbeiter nur das entnahm, was er in den ihm zu Gebote stehenden echten Geschichtsquellen nicht finden konnte. Letztern Umstand dürfen wir durchaus nicht ausser Acht lassen, wenn wir den Mönchen von St. Matthias Gerechtigkeit widerfahren lassen wollen.

Das Bestreben, nur rein Geschichtliches zu geben, tritt bei dem jüngsten Ueberarbeiter der treverischen Urgeschichte so unleugbar hervor, dass wir auch darüber noch Einiges sagen müssen. Die Trebetasage galt auf Grund der gefundenen Inschriften als geschichtliche Thatsache. Die Bauwerke Triers verlegte man in die sogenannte gallobelgische Periode; natürlich haben die Römer sie theilweise umgebaut; die kolossalen Bauten der Porta nigra und der Moselbrücke gehörten für das Mittelalter ebenfalls in die Reihe der Ueberreste aus vorrömischer Zeit, weil sie den hiesigen römischen Bauwerken, wie dem Amphitheater, dem Constantinischen Palast in keiner Weise zu vergleichen waren [2]), die Wasserleitung aus dem Ruwerthal war längst verfallen und die Sage hatte sich auch ihrer bemächtigt.

---

[1]) Die erste ist (nach der W. und M.'schen Zählung) Cap. I der Gesta; in Cap. II beginnt eine ganz neue Darstellung, in welcher das grosse Plagiat aus Orosius fehlt, dafür aber die mosaische Völkertafel interpretirt wird. Diese Recension, welche bis Cap. XIX fortläuft, ist jünger als die folgende, von Cap. XXII — XXV, weil sie selbständig und nicht als blosse Episode auftritt. Sie war offenbar dazu bestimmt, die letztere zu verdrängen, da diese auch nur durch eine ganz unpassende Uebergangsphrase an die Geschichte der Apostelschüler Eucharius, Valerius und Maternus angeknüpft ist.

[2]) Diese Ansicht hielt bekanntlich bis tief in unser Jahrhundert vor und sie ist sicherlich eine Nachwirkung der mittelalterlichen Tradition von dem ungeheuern Alter der Stadt gewesen.

Die allbekannte Mittheilung des hl. Hieronymus über die Verwandtschaft der galatischen Sprache mit der treverischen führte den Chronisten auf die Vermuthung, dass die Treverer an dem Raubzuge der Kelton nach und durch Kleinasien Theil genommen, und darum erzählte er nach den Angaben Iustin's den Verlauf desselben. Wie willkommen wäre es ihm gewesen, hätte er nur eine Ahnung von der späterhin zuerst von Brouwer vermutheten Identität der Treverer mit den kimmerischen Treren[1]) gehabt und davon, dass die Keilinschriften Assyriens aus dem achten Jahrhundert vor Chr. bereits die Kimmerier nennen[2]). Da wäre er mit leichter Mühe nach Assyrien und zu einer jüngern Semiramis-Atossa gekommen, die, mitsammt ihrem Gemahl Belochos von Tiglat-Pilesar vertrieben, nachgehends in Babylon ein neues Reich gründete[3]). Eben so wenig hat der trierische Chronist etwas davon gewusst, dass die Treverer einstmals das Capitol in Rom gestürmt und durch die weltgeschichtlichen Gänse des Manlius Capitolinus verjagt wurden[4]). Bei dieser Gelegenheit lernten die Römer die Treverer kennen und ohne etwas von diesem Zusammenhange zu ahnen, lässt der Chronist gleich nach der Rückkehr der Treverer von dem Raubzuge aus Kleinasien die Römer ein Freundschafts- und Schutz- und Trutzbündniss mit ihnen abschliessen. Zu dem Glauben an eine aus der Zeit vor Cäsar's Einmarsch in Gallien herstammende Bekanntschaft der Römer mit den Treverern kam er durch einzelne Umstände in Cäsar's Verhältnisse zu diesem Volke und die Annahme der Identität des treverischen Princeps Indutiomar mit dem allobrogischen Zeugen Indutiomar in dem Erpressungsprocesse gegen Marcus Fonteius in Rom[5]). Noch inniger aber wurde jenes Freundschaftsverhältniss, als später der fabelhafte Senator Arimaspes seinen Wohnsitz von Rom nach Trier verlegte und es durch sein An-

---

[1]) Broweri Antiquit. et Ann. Trev. I 107. Drouwer hat diese Identität nicht unbedingt anerkannt.

[2]) Rawlinson, im „Ausland" 1862, S. 392. [3]) Rawlinson, im „Ausland", 1856, S. 857.

[4]) Joh. Laurentius Lydus, de magistrat. populi Romani I. 50, p. 161, ed. Imm. Bekker, 1837 (Corpus Scr. Byzant.): *ΤΡΙΒΤΡΕΣ, ἔθνος γαλατικὸν, ταῖς ὄχθαις τοῦ Ῥήνου παροικούμενοι, ὅπου καὶ ΤΡΙΒΤΡΙΣ Ἡ ΠΟ.ΙΙΣ. (Συγάμβρους αὐτοὺς Ἰταλοι, οἱ δὲ Γαλάται Φρύγκους καθ' ἡμᾶς ἐπιφημίζουσιν) ἐπὶ Βρέννου ποτὶ διὰ τῶν Ἄλπεων ἐσπορίθη ἀλαίμενοι ἐπὶ τὴν Ἰταλίαν ἐξηγέρθησαν διὰ τῶν ἀνοδιύτων καὶ δικανθωθῶν ἐρημιῶν, ὥς φησι Οὐϊργίλιος. εἶτα καὶ διὰ τῶν ὑπονομῶν ἐπελθόντες τὴν Ῥωμὴν καὶ αὐτὸ δὲ τὸ καπιτώλιον ἐκράτησαν, ὅτι τῶν ἐν τῷ ἱερῷ χηνῶν ταραχθέντων ὑπὸ τῶν βαρβάρων ἀκραίφ νυκτὶ φανέντων διηγέρθεὶς Μάλλιος ὁ στρατηγὸς (γείρεων γὰρ ἦν) τοὺς μὲν βαρβάρους ἐξώθησι κτλ.* Die Quelle dieser Erzählung finde ich vermuthungsweise in den Cornelius Nepos Leben des Manlius, das in dem umfangreichen Werke Vitae Illustrium Virorum enthalten gewesen sein mag. Gellius theilt ein Fragment des Nepos mit (Noct. Att. XVII 21, 24), das von demselben Manlius etwas erzählt, was eben so, wie die obige Angabe, den Erzählungen der Alten widerspricht, nämlich dass Manlius zu Tode gepeitscht worden sei. Jedenfalls ein sehr eigenthümliches Zusammentreffen.

[5]) Marcus (auch Manius) Fonteius war Statthalter der Gallia Provincia von 678–680 (76 -74 v. Chr.) und wurde wegen Erpressung in Rom verklagt. Cicero vertheidigte ihn 69 v. Chr. In diesem Processe spielte ein gewisser Indutiomar als Zeuge gegen Fonteius eine besonders hervorragende Rolle. Ihn hat man mit dem Treverer Indutiomar identificirt. Aber nichts berechtigt uns zu dieser Annahme. Wie käme er unter die Ankläger des Fonteius, der nur praetor von Gallia Provincia war (Cic. pro Fontelo ed. Kayser, 1862, §. 12)? Nicht einmal einen Allobroger brauchen wir in ihm zu erkennen, denn der Ausdruck Cicero's „Indutiomarus, dux Allobrogum ceterorumque Gallorum" (§. 36) spielt bloss auf die Wichtigkeit des Zeugen an und die Worte „dux Allobrogum cet. Gall." sind ohnedies verdächtig. Wäre uns die Annahme gestattet, der Allobroger Indutiomar sei nach Beendigung jenes Processes aus Furcht vor der Rache der römischen Beamten zu den Treverern geflüchtet. wie der Aeduer Surus in Cäsar's gallischem Kriege (Caes. B. Gall. VIII 45), oder vielleicht schon von Fonteius selbst vertrieben, wie man aus Cicero's Worten (pro Font. §. 13–14) schliessen darf, so hätte es gar keine Schwierigkeit mit jener Identität. Geben wir dem Indutiomar, dem Schwiegervater des Cingetorix,

sehen so weit brachte, dass römische Sprache und römisches Recht im treverischen Lande eingeführt wurden[1]). Diese engen Beziehungen der beiden Weltstädte blieben ungestört bis zu Cäsar's Ankunft in Gallien. Die Treverer ersuchen den römischen Proconsul um Schutz gegen die die Rheingrenze bedrohenden Sueven und geben ihm eine Abtheilung Reiter als Hülfscorps[2]), beides als selbstverständlich. Cäsar findet sich nämlich nicht veranlasst, auch nur eine Andeutung darüber zu geben, als sei das etwas Neues, es ist ihm eben etwas Selbstverständliches. Die Treverer erwähnt er bei ihrer ersten Begegnung[3]) so, als wären sie in Rom alte Bekannte[4]) und erst später fallen so ganz beiseit einige spärliche Notizen über die Ausdehnung ihres Landes, ihre militärische Stärke u. a. Diese Freundschaft, welche geschichtlich höchstwahrscheinlich erst durch Cingetorix und seine Partei vermittelt wurde, wie Cäsar selbst andeutet[5]), dauerte aber nicht lange. Die Nervierschlacht bildete den Wendepunct. In dem kritischen Augenblicke, als die Reihen der römischen Legionen vor dem wuchtigen Andringen der Nervier zu wanken begannen, verliess das treverische Reitergeschwader den Kampfplatz, ihren Landsleuten zu melden, dass Cäsar geschlagen[6]). Die Treverer hielten Rath — die Worte inito consilio[7]) hat der Chronist in Cäsar's Bericht eingeschoben — und erschienen von da nicht mehr bei den angesagten Versammlungen, sondern fingen an, die rechtsrheinischen Germanen herüber zu locken. Den Eindruck letzterer Thatsache hat der Chronist dadurch noch verstärkt, dass er jenes sollicitare als unzweifelhaft

---

bei seiner Erschlagung (54 v. Chr.) ein Alter von nur 50 Jahren, so war er (8) vor Chr. 35 und 74 v. Chr. 80 Jahre alt, also gegen 104 v. Chr. geboren. Die leider sehr fragmentirte Vertheidigungsrede Cicero's für Fonteius lässt in ihrem jetzigen Zustande nicht erkennen. ob Indutiomar ein Allobroger, Volker oder Treverer war. Ein von Aquila Romanus de figuris §. 35 erhaltenes, vom Herausgeber des Bernhard Tauchnitz'schen Cicero, C. L. Kayser, als § 8 jener Rede eingeschaltetes Fragment: „fromenti maximus numerus e Gallia, peditatus amplissimae copiae e Gallia, equites plurimi e Gallia" erinnert lebhaft an Cäsar Bell. Gall. V 3: „(Treverorum) civitas longe plurimum totius Galliae equitatu valet magnasque habet copias peditum", wobei sich sogar dieselben Worte wiederholen. Allein aus solchen Zufälligkeiten lässt sich nicht viel schliessen. Anders stände es, wenn die Erzählung des Joh. Lydus geschichtlich wäre; dann hätte Cicero mit Recht (§ 30) gegen die Gallier losgedonnert, welche das Capitolium und den höchsten Schwurgott Iupiter belagert haben, während sein Vorwurf sonst ins Allgemeine verschwimmt, da nach Livius V 34 nicht sämmtliche Gallier an jenem Zuge nach Italien und noch weniger an dem Ueberrumpelungsversuche auf das Capitol betheiligt waren.

[1]) Andere Chroniken verlegen jenen Arimaspes in die erste Kaiserzeit, gewiss mit mehr Wahrscheinlichkeit; allein in dem Verfahren des Gestenschreibers ist mehr System; er will beweisen, dass Trier alte Bundesansprüche auf Rom habe, also keine unterworfene Stadt sei.

[2]) Caes. B. Gall. II 24: equites Treveri .... qui auxilii causa ab civitate ad Caesarem missi venerant.

[3]) Bell. Gall. I 37.

[4]) Der bekannte Brief Cicero's an den Trebatius (Fam. VII 13) ist geschrieben IV Non. Mart. 701 a. u. c. = 22. Febr. 53 vor Chr. (cfr. die Concordanztabelle bei Napoléon, Vie de César, II pag. 539], also im fünften Jahre des gallischen Feldzuges. Cäsar's Commentarien sind nicht vor 51 v. Chr. veröffentlicht mit Zugrundelegung der während des Feldzuges gemachten Notizen. Durch Cäsar's und seiner Legaten Berichte und Briefe waren die Treverer gewiss gleich von Anfang des gallischen Krieges an in Rom bekannt geworden; ihre Gesandtschaft an Cäsar fällt in den Monat August 58 vor Chr.

[5]) Bell. Gall. V 3: Cingetorix ... simulatque de Caesaris legionumque adventu cognitum est, ad eum venit, se suosque omnes in officio futuros neque ab amicitia pop. Romani defecturos confirmavit. Es bestand also, so schlossen die trierischen Chronisten. eine ältere Freundschaft zwischen den Treverern und Cäsar, auf Grund deren erstere Hülfstruppen gaben.

[6]) Caes. B. Gall. II 24

[7]) Gesta c. XI: deinde inito consilio neque ad concilia Caesaris veniebant Germanosque etc.

hinstellte, während Cäsar es nur als ein ihm zu Ohren gekommenes Gerücht bezeichnet[1]). Als diese Auszüge aus Cäsar's Tagebüchern mit der Erzählung der Unterwerfung der Treverer durch Cäsar's Legaten Labienus beendigt waren, fehlten dem jüngern Chronisten, dem Verfasser der ausführlichern Recension, die fernern geschichtlichen Quellen und er geht beinahe sofort zur kirchlichen Geschichte über, während der andere, ältere, nach einer gedrängten, offenbar nicht aus Cäsar entlehnten Mittheilung über den Erfolg des gallischen Krieges jede weitere Ausführung der politischen Geschichte mit einer erbaulichen Redensart ablehnt. Wir geben hier die ganze Stelle wieder, weil sie für unsere Ansicht beweist, dass die zweite Recension älter, mindestens nicht auf Grundlage der ersten (Cap. I—XX ed. W. & M.) gemacht worden: „Tempore illo venit ergo Iulius, qui dicebatur Caesar et obsedit Treverim, metropolim Galliae provinciae, de cuius speciali praerogativa fortitudinis in toto ... orbe fama pervolavit, ubi per totum fere decennium in pugnando frustra laboravit . quam diu namque unanimitatem et concordiam inhabitantes servaverunt invicem, ab hostibus vinci non potuerunt . mox vero, ut hanc praeterierunt, non substiterunt. Tunc et enim magno quodam infortunio duo de optimatibus, qui civitati principabantur, Indutiomarus et Cingetorix, quorum alter patricia, alter consulatus dignitate pollebat inter se de primatu contendebant, quia eorum videretur esse maior . cumque huiuscemodi dissensio inter eos ageretur, Cingetorix clam foras egressus Iulii castra adiit et si ei principatus concederetur, dediturum se civitatem repromisit. Quod cum ad petitionem eius firmatum fuisset, egit, ut hostibus pateret ingressus . sicque regiae illius civitatis fastus magna ex parte attritus. — Sed quid confert, eiusdem civitatis saecularem gloriam et regiam nobilitatem commemorare? Utilius est, namque et plus habet spiritualis laetitiae, si eam, qua ad meliorem vitam est per gratiam Dei provecta, conditionem studeamus exponere.“ Diese Darstellung ist sowohl von Cäsar als der andern Recension völlig unabhängig, ebenso die andern Erzählungen von Cap. XXII (ed. W. & M.) an[2]). Auffallend bleibt aber doch, dass beide an derselben Stelle abschliessen, gewiss weniger, um sofort die Ankunft der Apostelschüler in Trier anzuknüpfen (50 v. — 50 n. Chr.), als weil ihnen weitere Quellen für die Geschichte der Treverer fehlten. Für die allgemeine Geschichte reichte ihnen Orosius vollkommen aus.

Eine Vergleichung nun des unbestritten Geschichtlichen mit dem Ungeschichtlichen bringt uns zur Ueberzeugung, dass der ältere Ueberarbeiter (von Cap. XXII an) aus sehr trüben Quellen schöpfte, der jüngere aber (von Cap. II an) mit aller möglichen Gewissenhaftigkeit verfuhr und geschichtliche Quellen ausschliesslich da benützte, wo sie ihm zu Gebote standen. Er weiss also nichts von dem Patriciate des Cingetorix und dem Consulate des Indutiomar[3]) — Dinge, die von Rom nach Trier übertragen sind — von einer förm-

---

[1]) Caes. B. Gall. V. 2: (Treveri) Germanos transrhenanos sollitare dicebantur. Gesta cap. XI: Germ. transrhen. contra Romanos sollicitare coeperunt.

[2]) Der Ueberarbeiter der jüngern Recension hatte die ältere vor sich und während letztere Autoritäten für ihre Darstellung anführt (die gall. hist. und den Galba Viator), begnügt sich die jüngere, den Stoff zu verarbeiten, ohne die Gewährsleute zu nennen.

[3]) Indutiomar galt dem Chronisten nicht als Patricier; als Plebeier konnte er immerhin das Consulat verwalten und er gibt sich ja selbst als Lenker der plebs aus, Caes. B. Gall. V 3; ihm gegenüber vertrat Cingetorix die nobilitas, ib., und die Würde des Patricius deutet auf den mittelalterlichen Titel der

3*

lichen Belagerung der Stadt Trier, von dem über den Weltkreis verbreiteten Kriegsruhme
der Belgen und Treverer und ähnlichen Dingen, die unverkennbar an die Kaiserchronik,
die urmaere stat, die zwêne gewaltige hêrren (Dulcimar und Signator nennt sie der
Dichter), die sich stritten umbe die grôzen hêrschaft, die ze Triere was in der
Stat, erinnert [1]). — Die echte vorrömische Geschichte Triers war längst verschollen [2]).

Diese gedrängte Untersuchung über den Ursprung und die allmähliche Entwicklung
der Urgeschichte Triers nach den Gesta wird hoffentlich zur Genüge erkennen lassen, wie
es sich schliesslich in Wirklichkeit mit jenen „belangreichen Fälschungen von Inschriften
aus der fränkischen Zeit" verhält, welche ein Redner beim bonner Winckelmannsfeste entdeckt zu haben wähnte. Und hätte Hr. Prof. Brambach, als er die lapides spurii des
Rheinlandes zusammen zu stellen begann, die Urgeschichte Triers von dem Standpuncte
des Geschichtsforschers, statt von dem sehr engherzigen des Epigraphikers aus aufgefasst,
so hätte er der pretiösen Phrase „pudet describere" leichtlich entrathen und jene Inschriften

germanischen Könige: Patricius von Rom = Schirmvogt der Kirche; seit Constantin war Patricius nur
mehr ein Titel, wie Cäsar seit dem Aussterben der Iulier.

[1]) Man vergleiche darüber die ausführlichere Darstellung bei Massmann, Kaiserchronik III 363 u. figg.

[2]) Seit Kyriander und Maassen (Masenius) konnte es keinem ernstern Geschichtsforscher mehr einfallen,
die Trebetasage sammt ihren Anhängseln als geschichtliche Thatsache hinstellen zu wollen. Das Höchste, wozu
sich noch die beiden Herausgeber der Gesta Treverorum verstanden, war die Annahme, jene Sage sei eine Andeutung der urzeitlichen Auswanderung der Indogermanen oder Semiten aus Ariana oder Mesopotamien. Andere
aber hielten dafür, es liege ein verdunkelter Sagenstoff germanischer (oder auch keltischer) Abkunft vor. Allein
die Trebetasage ist so trocken geschichtlich, ihre Erfindung so durchsichtig, der flüchtige Held eine so häufige
mythische und geschichtliche Thatsache, ebenso die Liebe der Stiefmutter zum Stiefsohn, dass die gelehrten
Mönche, sobald sie auf dem von uns vermutheten Wege den Kern der Sage gefunden hatten, sehr leicht und
sicher den Stoff so bearbeiten, wie er jetzt vorliegt. Räthselhaft bliebe bei der Annahme, dass die Trebetasage echte Volkssage, sogar echter Mythenrest sei, wie die Mönche oder das Volk auf Assyrien gerathen wären,
auf semitischen Ursprung (nach Genesis X v. 6—11 ist Nimrod, Assyriens Begründer, sogar chamitischer Abstammung, während die Inschriften von Babylon und Nineveh semitisch sind, Max Müller, Wissenschaft der
Sprache, p. 278 der deutschen Uebersetzung), obgleich die Treverer sich selbst zu den Germanen rechneten.
Trebeta ist nach den Einen ein ehemaliger treverischer (germanischer) Landesgott, nach den Andern ist Semiramis die longobardische Stammmutter Gambara. Allein in Trebeta selbst ist keine Spur germanischer Göttlich-
keit zu erkennen und selbst wenn sein Sohn Hero der Schwertgott Heru (heru ensis, Grimm, Mythologie
S. 185) sein sollte, so folgte daraus für den göttlichen Charakter seines Vaters unbedingt noch nichts, insofern
als zwar den Göttern aus ihren einzelnen göttlichen Aeusserungen Söhne und Töchter erwachsen, aber niemals
umgekehrt geschlossen werden darf. Dass Semiramis die Gambara sein sollte, ist schon deshalb unglaublich,
weil der Charakter beider Frauen durchaus verschieden ist: Semiramis die böse Stiefmutter (die Hexe der
deutschen Kindermärchen) und Gambara die liebende Mutter, die zu Frigga um Sieg für ihre Söhne betet.
Wäre Semiramis die rechte Mutter des Trebeta, so könnte, da sein Vater Ninus der Fisch ist (hebräisch nûn)
und Semiramis, die von Tauben ernährte Tochter der Fischgöttin Derketo (Atargatis, Athara, Strabo XVI 785),
die Taube (Lucian. de Dea Syria 14, Diod. Sic. II 4), also beide Symbole der Fruchtbarkeit, Trebeta der Gott
der Fruchtbarkeit des Ackerbodens sein; kelt. treb vicus = goth. thaurp ἀγρός. Bei Herodot I 7 ist Agron
(also = agricola) der Sohn des Ninos und König von Lydien. Ob die Trebetasage so „viel poetisches Element"
enthalte, als man in ihr finden wollte, scheint sehr fraglich. Laven, Ph., l. c. S. 317. — Vielleicht findet sich
später Gelegenheit, die Beziehungen der kimmerischen Treren zu den Treverern nach dem Vorgange von
Prof. Theodor Bergk, Poetae lyr. graeci, edit. 2. pag. 315 und Karl Fr. Meyer l. c. S. 8 näher zu erörtern.

in ein Corpus Inscriptionum Rhenenarum medii aevi verweisen können, ohne den Grundsätzen der Epigraphik irgend zu nahe zu treten.

Während des eigentlichen Mittelalters — 11.—15. Jahrhundert — scheint jene angebliche Inschriftenfälschungspraxis nicht so regsam betrieben worden zu sein, als in der vorhergegangenen fränkisch-althochdeutschen Periode. Die einzige Inschrift, welche wir mit Sicherheit in diese Kategorie rechnen können — um auf die Ansicht des bonner Gelehrten einzugehen, ist die auf dem sogenannten Rothen Hause zu Trier, welche uns in einem musterhaft schlechten Distichon verkündet, Trier sei 1300 Jahre vor Rom erbaut worden; auf 50 Jahre mehr oder weniger kam es dem Dichter nicht an; die Gesten rechnen ja nur 1250 Jahre, aber die Zahl 1250 konnte nicht in den Vers gebracht werden. Diese Inschriftenfälschung ist allerdings „belangreich" gewesen, denn sie verkündete allen Bürgern der Stadt und jedem wissbegierigen Fremdling eine offenbare Unwahrheit — aber eine solche, die bona fide entstand und weiter gesprochen wurde und zwar mit solchem Erfolg, dass selbst noch der Stadtsyndicus Kyriander, mit dem freilich Brouwer sehr unsanft umgeht [1]), sie als historische Waffe gegen die erzbischöflichen Angriffe auf die Reichsunmittelbarkeit der Stadt Trier anwandte und der Jesuit Maassen sie gegen Brouwer's Zweifel vertheidigen zu müssen glaubte. Selbst noch in unsern Tagen klingt die Sage nach, wenn Redner und Dichter von dem alten Trier reden, „das bereits lange vor Christi Geburt reich und mächtig war", obschon sich eine Stadt Trier nicht mit einer Silbe aus den Schriftstellern der voraugusteischen Zeit nachweisen lässt. Allein darum ist jene Inschrift noch lange keine Inschriftenfälschung, denn sie enthält nur den in Verse gebrachten Glauben des Mittelalters über die Entstehung Triers. Gottfried von Viterbo soll der Verfasser der fraglichen Inschrift sein. Die Beweise für seine Autorschaft kenne ich nicht. Auch für andere Städte soll er dergleichen Verse angefertigt haben, so für Viterbo auf die Porta Sonza, welche, falls der Abdruck bei Wattenbach [2]) richtig ist, sich dem trierischen Distichon, was Metrik angeht, würdig anreihen.

Eine andere Inschrift, die auf den Comes Aelius Constantius, könnte man nur sehr uneigentlich hieher rechnen. Die Gesta kennen sie auch [3]), aber der Verfasser jenes Abschnittes derselben las sie als eine Grabschrift auf den Cäsar Flavius Constantius Chlorus, den Vater Constantin's des Grossen, wieder ein Beweis, zu welchen Irrthümern flüchtig und unrichtig gelesene Inschriften führen. Brouwer und Alexander Wiltheim haben sie noch selbst gesehen; jener las auf ihr einen Filius Constancius [4]), und dieser hat sie genau facsimilirt [5]). Schmitt hält sie nach der Beschaffenheit der Schriftzüge des Wiltheim'schen Facsimile's mit Recht nicht für das Original, das aus dem Jahre 421 n.Chr. stammen müsste, sondern für eine spätere Copie, welche den bei einem Brande oder Umbau oder durch den Zahn der Zeit zu Schaden gekommenen Stein ersetzen sollte. Nach Hontheim haben auch Ortelius und Vivianus die Inschrift abgeschrieben; im Jahre 1674 ist der Stein bei dem Brande der Paulinskirche verschwunden [6]). — Um auf die geschichtlichen Irrthümer, welche

---

[1]) Broweri Antiquit. etc. l. p. 3—4. [2]) l. c. S. 426 Note 4. [3]) Gesta Trev. c. XXIX.
[4]) Antiquit. et Ann. I 283. [5]) Abgedruckt bei Schmitt, die Kirche des hl. Paulinus, S. 430 figg., Steiner 1754.
[6]) Prodr. hist. Trev. 188, 2. Die beiden Reisenden besuchten Trier im Jahre 1575; ihr Itinerarium erschien zu Antwerpen 1584.

aus der falschen Lesung dieses Steines entstanden, näher einzugehen, bemerken wir, dass, wie schon gesagt, die Gesta ihn für den Grabstein des Constantius Chlorus halten und deshalb eine Ueberführung der Leiche des Constantius Chlorus nach Trier fingiren. Eutrop, den der Chronist hier excerpirt, sagt von Chlorus [1]): „Hic non modo amabilis, sed etiam venerabilis Gallia fuit, praecipue quod Diocletiani suspectam prudentiam et Maximiani sanguinariam temeritatem imperio eius evaserant. Obiit in Britannia Eboraci principatus anno tertio decimo atque inter Divos relatus est". Die Gesta aber erzählen Folgendes: „Hic non modo amabilis, sed venerabilis etiam Treberibus fuit, praecipue quod Diocletiani suspectam prudentiam et Maximiani Rictiique Vari sanguinariam temeritatem imperio eius evaserant. (Es folgt die Zerreissung der Franken- und Alemannenkönige im Amphitheater, die Eutrop dem Constantin [2]), die Gesta seinem Vater zuschreiben — ob aus Vorliebe?) Anno sexto decimo imperii sui obiit in Britannia Eboraci et inde Treberim relatus, in campo Martio honorifice sepelitur cum epitaphio huiuscemodi: „Flavius Constantius, vir consularis, comes et magister utriusque militiae atque patricius et secundo consul ordinarius." hic ex Helena, Trebirorum nobilissima, Constantinum filium procreavit etc." Brouwer bezieht die Inschrift zwar richtig auf den Comes Constantius, der 421 starb, aber mit dem Zusatz „nisi fallit interpretatio", weil er Filius Constancius liest und am Rande Flavius. Auch meint er, der Stein sei aus den Ruinen der alten Basilica herausgezogen und in die Wand der neuen Kirche des hl. Paulin später übertragen. In dem Autograph seines Werkes [3]) soll aber Brouwer nach Angabe der Editoren der Gesta zu obiger Stelle eine andere Meinung haben. — Wie geringe Anlässe nöthig, um historische Irrthümer zu erzeugen, sehen wir hier: Der Gestenschreiber las statt EL (Aelius) FL (Flavius) und ihm lag der Cäsar Constantius zu nahe, um an einen andern zu denken: die Titulatur des Mannes erregte ihm keinen Zweifel (statt vir consularis etc. musste wenigstens Caesar stehen); um nun die Setzung der Inschrift in Trier möglich' zu machen, dichtet er eine Translation des Leichnams nach Trier, indem er die Worte Eutrop's „inter Divos relatus" in „inde Treberim relatus" ohne Scheu verändert. Brouwer las statt ELI (Aelius) FIL (Filius), was in der Construction: „hic iacet filius Constancius" ganz unmöglich ist; daher auch die Conjectur Flavius. Das Nähere über den Comes Constantius hat Schmitt an der angeführten Stelle gegeben. — Ueber die Verwechselung des Bischofs Poppo von Trier mit einem Dänen Poppo (Ansgar) vergleiche man Gesta cap. XLVII.

Einen fernern, nicht minder interessanten Beweis für das Verfahren der mittelalterlichen Legendenschreiber, aus aufgefundenen Inschriften Geschichte zu machen, bietet folgender geschichtlich beglaubigter Vorfall [4]). Als im Jahre 979 der Bischof Egbert von Trier die neue Basilika des heiligen Eucharius zu erbauen begann [5]), stiessen die Fundamentarbeiter auf eine Grabstätte [6]), welche mit einer Marmortafel bedeckt war, auf der man das Wort CELSVS zu erkennen glaubte. Auf gemachte Mittheilung des Fundes, den man sofort auf

---

[1]) Eutropii brev. hist. Rom. X 1. — [2]) l. c. cap. III.
[3]) Cod. bibl. publ. Trev. No. 120. — [4]) Broweri Ann. I pag. 491 sqq.
[5]) Zum Jahre 987 spricht Brouwer von dem neuen Aufblühen der Abtei St. Matthias, Ann. I. p. 489.
[6]) Sacrophagus ... miri candoris petra, quam vulgus cretam vocat, sagt ein gleichzeitiger Schriftsteller; siehe S. 27 die Note 4.

einen angeblichen trierischen Bischof Celsus bezog, erschien der Bischof Egbert selbst auf
dem Bauplatze [1]) und in seiner Gegenwart wurde folgende Inschrift von dem Steine gelesen:

SOLLICITVS QVICVNQVE CVPIS COGNOSCERE TVMBAM,
PRAECLARVS IACET HIC NOMINE VEL MERITIS,
CELSVS: QVEM DOMINVS VERO INSIGNIVIT HONORE,
NON SEGNIS PATRIAE, SEMPER VBIQVE VIGENS,
QVI GENVS ATQVE ORTVM CLARO DE STEMMATE TRAXIT
AFFECTVQVE PIO EST CONDITVS HOC TVMVLO.
DEPOSITVS PRIDIE NONARVM IANVARIARVM.

Bischof Egbert befahl, einstweilen die Inschrift abzuschreiben, sonst aber alles an
seinem Platze zu belassen; erst später erhob er den Leichnam [2]) und ein Fest des heiligen
Celsus wurde eingesetzt. Celsus soll in der Reihe der trierischen Bischöfe der fünfte gewesen
sein und im Jahre 131 „unter der Regierung des Kaisers Nerva" die trierische Kirche
gelenkt haben; so erzählt der Gesten-Codex von Eberhards-Clausen [3]). Ein Mönch von
St. Matthias, Namens Theodorich, der im Jahre 1006 daselbst in den Orden eintrat, hat eine
Lebensgeschichte des Heiligen geschrieben [4]), von dem man doch weiter nichts wusste, als
was jene Inschrift besagte. Aus letzterer aber ergibt sich weder, dass Celsus ein Bischof,
noch dass er ein Geistlicher, noch dass er überhaupt ein Christ war; denn die Bezeichnung
dominus [5]) weist nicht mit Nothwendigkeit auf letztere Eigenschaft hin. Bekanntlich haben
Caligula, Demitian und Diocletian sich gern so nennen lassen [6]) und diese Titulatur wurde
seit Anfang des vierten Jahrhunderts immer gebräuchlicher [7]). Das Wort tumba = sepulcrum
findet sich sogar erst im fünften Jahrhundert [8]), dagegen ist depositus gutelassisch =
sepultus [9]) und pridie mit dem Genetiv des folgenden Tages nicht minder [10]), wenn auch
mit dem Genetiv eines der drei Normaltage des Monats zuerst in den Pandekten erscheinend [11]).
Wir sind also berechtigt, jenen Celsus in eine viel spätere Zeit als das zweite Jahrhundert
zu versetzen; aber trotzdem dürfen wir in der Inschrift selbst keine mittelalterliche Fiction
finden. Sie besagt von einem Manne, Namens Celsus, der, von vornehmem Geschlechte
entstammend, am kaiserlichen Hofe zu hohen Ehren gelangte und sich durch Thatkraft und
Regsamkeit im Dienste des Vaterlandes ausgezeichnet habe. Das ist Alles, was sich zur
Noth aus der Inschrift herausdeuten lässt. Wäre sie aber erst im Mittelalter, speciel nach

---

[1]) Impiger, morae nescius ad divinum spectaculum prorupit, id. ib.

[2]) Bischof Egbert soll auf einer Synode zu Ingelheim die versammelte hohe Geistlichkeit zur Feier der
Erhebung eingeladen haben. Hontheim, Prodr. p. 656 u. f. bezweifelt die Geschichtlichkeit dieser Synode.

[3]) Im Cap. XLIV der Gesta heisst es sehr nüchtern: corpus insuper sancti Celsi confessoris in cimi-
terio sancti Eucharii reperit. Auch von auswärts brachte Egbert Reliquien nach Trier.

[4]) Im Auszuge abgedruckt bei Hontheim, Prodr. p. 654 sqq. und bei Pertz Mon. 88. VIII 204—208. Vollständig in Acta Sanct. Febr. 23, Tom. III. p. 397 sqq.

[5]) Bekanntlich das biblische Aequivalent von Jehova, das die LXX mit κύριος wiedergeben = Adonai.

[6]) AureL Victor de Caesar. XXXIX; Sueton. Domit. 13. Phädrus schon nennt den Tiberius dominus,
II 5. 14, 21.

[7]) Orelli, Insc. lat. im Index der Kaisertitulaturen. — [8]) Prudent. περὶ στεφ. 11, 9.

[9]) Ovid. Trist. III 3, 40. Pont. II 2, 47. Fast. VI 754. — [10]) Pridie eius diei bei Cicero und Cäsar.

[11]) Pridie Calendarum, Pandect. XXVIII, 1. 5. a die undecimo Kalendarum Iuniarum, Vopiscus in Au-
relian. c. 11.

dem Funde jenes Grabes entstanden, so enthielte sie gewiss eine ganz specificirte Lobrede auf den Heiligen, den wir einstweilen in jenem Celsus nicht erkennen können. Mit den hier um Trier vorkommenden Grabschriften auf Christen hat die Mattheiser Inschrift überhaupt gar keine Aehnlichkeit, wenn wir auch nur auf die äussere Form, die metrische Fassung, achten. Während jene, z. B. die auf den Subdiakon Ursinianus [1]), auf den Vicar Illodericus [2]) u. a. in accentuirten Hexametern stammeln, redet die andere in verhältnissmässig eleganten Distichen, wie es sich für einen angesehenen, also auch vielleicht gebildeten Mann allerdings passt. Es liegt mithin weder ein positiver noch ein negativer Grund vor, die Inschrift auf den Celsus zu verdächtigen. Wir würden sie unbedenklich unter die heidnischen Inschriften des 4. oder 5. Jahrhunderts rechnen. Das Cognomen Celsus erscheint in einer heidnischen Inschrift aus der Umgegend Trier's [3]) auf einem Steine, der früher als Taufstein diente trotz seiner heidnischen Aufschrift und der heidnischen Figuren:

I. O. M.
L. PISINIVS. CEL
SVS

auf beiden Seiten eine Frauengestalt und auf der Rückseite Hercules. — Nicht lange nach Auffindung des h. Celsus wurden denn auch die Gebeine der hh. Eucharius, Valerius und Matthias entdeckt [4]); ihnen folgte bald die Erhebung der Gebeine der Martyrer der Thebäischen Legion [5]). Wir sehen dadurch die oben ausgesprochene Ansicht bestätigt, dass man die alten Begräbnissstätten aus heidnisch-christlicher Zeit fleissig umwühlte.

Die nächste unechte Inschrift, die wir als solche ohne Widerrede anerkennen und grade hier besprechen, weil wir sie chronologisch bezüglich der Zeit ihrer wirklichen (nicht angeblichen) Entstehung hier einordnen, ist die Inschrift aus Castel, welche als ein von Iulius Cäsar bei seiner Anwesenheit im Lande der Treverer gesetzter Gedenkstein angesehen sein will. Sie ist abgedruckt im C. I. Rh. No. 52 der lapides spurii und soll ehemals von Castel (bei Saarburg) nach Trier gebracht worden sein. Schon Gruter (225, 4), Lersch (III 3.), Steiner (2009) und nach ihnen der verstorbene Secretär der Gesellschaft für nützliche Forschungen in Trier, Dr. Gerb. Schneemann, haben ihre Unechtheit kurz — weil sie fast selbstverständlich — nachgewiesen [6]), nachdem schon in Trier Hontheim und ein Ungenannter Zweifel an ihrer Echtheit erhoben hatten [7]). Aber Schneemann hat dem Herausgeber des „Theatrum urbium praecipuarum mundi", Georg Braun, dem Dechanten von Maria ad gradus in Köln, insofern ein grosses Unrecht zugefügt, als er die Inschrift — gewiss nicht wider besseres Wissen — mit dem Namen „Braun'sche Inschrift" gebrandmarkt hat. Apian hat schon 1534, mehr als 40 Jahre vor Braun, dieselbe abgedruckt [8]). Nach unserer Meinung ist sie ganz entschieden italienischen Ursprungs und trotz der zwei (oder vielleicht drei) abweichenden Lesungen, von denen die eine die Fehler der andern verbessern und das Verständniss erleichtern soll, doch unsäglich plump angefertigt im Vergleich zu ihren ligoriani-

[1]) Lersch, Centralmuseum III. 54. — [2]) ib. 55 und Schmitt, Paulin, S. 368.
[3]) C. Inscr. Rhen. 810 aus dem hiesigen Museum. Lersch III, 3, Steiner 1609.
[4]) Broweri Ann. 1 p. 531, Jahr 1053. — [5]) ib. p. 547. Jahr 1071. — [6]) Jahresbericht 1856, p. 6 flg.
[7]) Hontheim Prodr. 183, 4. „Trier. Wochenblättgen" von 1771, No. 40 (wahrscheinlich Prof. Gerts).
[8]) C. I. Rh. l. c. in den Literaturanmerkungen.

schen Schwestern, welche selbst noch einen Orelli betrogen haben [1]). Der erste Besitzer, also wohl auch der Verfertiger, war ein Italiener. Brouwer nennt ihn Dardanus Parmensis, „qui saeculo, quo scribimus, ineunte (erstes Viertel des 16. Jahrhunderts [2]) lapidem istum hic (Treveris) primus monstravit" [3]). Jenes „castellum", das Brouwer am Rande als „Castellum ad Saram Romanae stationis vulgo Castel" bezeichnet und ganz deutlich als Castel bei Saarburg beschreibt (exurgit in altum mons arduus receditque per hemicyclum theatralem in speciem undique rupibus inviis et varie elaboratis argumento Romanae vetustatis, tanta altitudine, despici ut sine vertigine profundam in convallem vix possit etc.), hat Hr. Prof. Brambach nach Saarbrücken verlegt, weil er den Druckfehlern Sarprugk (und Sarpruph), die er bei Apian (und Braun [4]) fand, mehr vertraute, als dem landeskundigen Brouwer.

Brouwer hat aber noch eine unechte Inschrift; es ist No. 86 der spurii im C. I. Rh., aus Carden stammend [5]). Alexander Wiltheim, der für Hrn. Prof. Brambach offenbar eine epigraphische Autorität ist, da er mit Wissen keine einzige Wiltheim'sche Inschrift unter den unechten aufführt, hat aber diese No. 86 doch. Die Handschrift seiner Annales Coenobii Scti Maximini, welche in der hiesigen Stadtbibliothek aufbewahrt wird, enthält dieselbe mit dem Schlusse ET OCCO. Folglich ist sie keine unechte, denn Wiltheim hat mehr gesehen, als der etwas flüchtigere Brouwer, der vielleicht jenes ET OCCO nicht sah oder nicht deuten konnte und desswegen fortliess. Oder soll Wiltheim einer ältern Fälschung noch eine neue hinzugefügt haben? — Aus der eben erwähnten Handschrift seiner Annales geben wir hier die einzig richtige Lesart der echten Inschrift im C. I. Rh. 783:

$$D . S E C V N D I N$$
$$T A V E N A \, / / \, C O N$$
$$D E F . A \, / / / / \, V S A$$
$$I V S . F A B E R . S$$
$$E T . S V I S . V I V S . F$$

bei welcher Lesung sich das Räthsel SECVNDINVS, das Hr. Prof. Brambach der schlechten Abschrift des Luxemburgum Romanum nachgeschrieben hat und Brouwer, der NI (vielleicht ursprünglich ligirt) liest, noch nicht hat [6]) (obschon seine sonstige Lesung sehr schlecht ist), sofort löst: D . S E C V N D I N I A E . M .
          T A V E N A E . C O N I V G I etc.

Auf die Autorität Wiltheim's stützen sich aber noch mehre Inschriften im C. I. Rh. in der Reihe der echten, deren Originale verloren sind. So die No. 780 [7]) und gerade ihre Unechtheit liesse sich mit den von den Hrn. Prof. Mommsen und Brambach auf die Nenniger Inschriften angewandten epigraphischen Grundsätzen ohne Mühe nachweisen. Der betreffende

---

[1]) Pyrrhus Ligorius war der geschickteste und darum gefährlichste Inschriftenfälscher des 16. Jahrhunderts. Henzen hat im 3. Bande der Orelli'schen Sammlung die von Orelli noch für echt gehaltenen ligorianischen Inschriften nachgewiesen.

[2]) Brouwer begann sein Werk um 1580.

[3]) l. c. S. 114. Wer und was dieser Dardanus Parmensis gewesen, habe ich nirgends finden können. Jedenfalls war er ein Italiener, denn sein Beiname weist auf Parma hin.

[4]) Braun's Theatrum scheint Hr. Prof. Brambach nicht benutzt zu haben.

[5]) l. c. p. 51. Houth. Prodr. 186, 6.

[6]) l. c. 1 43. — [7]) Gefunden bei St. Maximin, abgedruckt nach Wiltheim 142, 64 bei Steiner 1738.

Stein ist ein leider Torso gebliebener Pendant zu dem Grabsteine des Iulius Alpinus, den ihm seine Tochter Alpinula gesetzt haben soll und den Mommsen (in den Grenzboten von 1866 No. 60) so „ergötzlich" (sic!) persiflirt hat. Das Fragment ergänzt sich leicht so:

publi A . PACATA . INDI . Filia.

Die Publia Pacata [1]), die wohlbekannte Gemahlin des Igeler Secundinius Aventinus, ist also die Tochter des (Iulius) Indus, des Treverers, der als Reiterofficier im römischen Heere diente, des Besiegers seines Landsmannes Iulius Florus, mit dem er verfeindet war [2]). Dass Iulius Indus auf dem Steine bloss Indus heisst, erklärte sich leicht durch die Annahme, dass seine Tochter gestorben, ehe er römisches Bürgerrecht erlangt hatte — wenn der Stein überhaupt echt wäre. Ganz demselben Zwecke, der Verherrlichung eines treverischen Landsmannes, dient die Inschrift C. I. Rh. No. 800 auf den Lucius Tutor. Nicht nur „dass ihr Abkürzungssystem" (Zeile 5: F . F . P . P . P.) „jeder rationellen Auflösung spottet" [3]), hat der (localpatriotische) Falsarius die Geschichte des Iulius Tutor, die bei Tacitus zu lesen ist [4]), so schlecht im Gedächtnisse, dass er L(ucius) statt I(ulius) in den Stein einschrieb (vielleicht auch nach einem Druckfehler in irgend einer Ausgabe). Ganz entsprechend ist die Argumentation der Hrn. Prof. Mommsen und Brambach, welche es einem Lesefehler des verstorbenen Lersch (der zu Igel, Zeile 7, bloss NV statt NIV las) zuschreiben, dass auf den Neuniger Inschriften SECVNDINO statt — NIO stehe. Der Stein des Lucius Tutor, der nach Brouwer's Angabe aus der Sammlung des trierischen Iesuitencollegs stammt [5]), steht heute im Mannheimer Museum, wie Hr. Brambach angibt, obschon er nicht sagt, dass er ihn selbst gesehen. Allein dieses Vorhandensein beweist nichts, wie Hr. Br. bei anderer Gelegenheit (der Neuniger Stein) nachgewiesen haben will [6]): „Im Rheinlande gibt es noch [ausser dem Neuniger Stein, für dessen Echtheit sein Vorhandensein beweisen sollte — solche Logik traut Hr. Prof. Brambach den Trierern zu!] ein halbes Dutzend in Stein gehauene Inschriften, die trotz der vom Steinmetzen darauf verwendeten Mühe kein Vernünftiger für echt hält". Aus einem ähnlichen Grunde (weil er sie nicht gesehen) verdächtigt Hr. Prof. Brambach auch die fünf Buchstaben L I I I I auf der Westseite der Igeler Säule [7]).

Nach dem Iesuitenpater Alexander Wiltheim ist der berühmte Weihbischof Nikolaus von Hontheim der nächste, der entweder Inschriften gefälscht hat oder mit gefälschten ge-

---

[1]) In der Mansfeldischen Sammlung zu Luxemburg befand sich eine Erztafel mit der bei Orelli 1973, Steiner 1986 abgedruckten Inschrift DEAE BIBRACTE ‖ P . CAPRIL . PACATVS ‖ IIIIII VIR . AVGVSTALIS ‖ V . S . L . M . ‖

[2]) Tacit. Ann. III 42. Von ihm hat vielleicht die Ala Indiana, welche viermal auf rheinischen Inschriften erscheint, den Namen.

[3]) Hr. Prof. Brambach weiss im Index zum C. I Rh. jene Siglen nicht zu deuten. Auch Brouwer l. c. 1 35 sagt: „felices, fideles, praefecto pio parenti. aut simile". Dieses Citat aus Brouwer hat Prof. Brambach nicht; Hontheim citirt Wiltheim; letzterer sagt p. 145, Brouwer's Auflösung sei: fortis felicis praefecto patrono piisaimo. Steiner 1720 deutet: fratres pro pietate posuerunt, oder sogar: piae fidelis, pater pio posuit.

[4]) Histor. IV 55 sqq. Hr. Prof. Aschbach bezog wirklich den Stein auf den Treverer Tutor, hielt ihn aber wegen der Verwechselung L statt I für unecht. Jahrbücher des Vereins von Alterthumsfreunden im Rheinland, XIX S. 57. Was Steiner III pag. 427 dazu bemerkt, ist mir unverständlich.

[5]) Brouwer. l. c.: perantiqui marmoris inscriptio, qui in collegio Societatis Iesu asservatur.

[6]) Traian am Rhein etc. S. 15.

[7]) C. I. Rh. No. 831; er sagt: in latere occidentali esse sigla CLIII (num antiqua?) narrant Quednow alii; sed LIII Lorent alii.

täuscht worden ist. Die ihn betreffende Rubrik im C. I. Rh. [1] lautet: Lapides Hont-
hemiani ani (sic!) suspecti, und enthält drei Inschriften: No. 53 = Prodromus 182, 3 steht
nach Hontheim's Citat bei Gruter III, 9, man sieht aber leicht, dass das nur ein Druckfehler
und die Inschrift ein Bruchstück der echten bei Gruter 111, 9 = C. I. Rh. spurius 85 (aus
Hetzrodt's Nachrichten), No. 54 = Prodr. 183, 6 ist, wie Hr. Prof. Br. selbst zugibt, Bruchstück einer echten Inschrift bei Gruter 64, 6 = Prodr. 187, 7 (ganz entsprechend hat Hr. Prof.
Brambach aus der Zeile 3 der No. 1653 des C. I. Rh. eine Inschrift unter No. 1651 gemacht
und die Inschrift 809 gefälscht, indem er sie Steiner ruhig nachschrieb, ohne auf die Quelle
zurückzugehen – allerdings wurden beide „Versehen" später redressirt) und um der ver-
dächtigenden Kritik die Krone aufzusetzen, ist No. 55 ein suspectus, aber leider ebenfalls
nur aus Gruter 13, 5 abgedruckt. Hr. Prof. Brambach hat sich, wie es scheint, auf Steininger [2]
„quem consulto, sagt er, nusquam nominavi", gestützt, bei welchem freilich diese Inschriften
aus Hontheim (mit Ausnahme von No. 53) citirt werden und Prodr. 183, 6 statt Bruchstück
zu sein, eine eigene Inschrift ist. Aber der Irrthum Steininger's kann doch unmöglich
Hontheim aufgerechnet werden. Was Hr. Prof. Brambach noch sonst für Gründe gehabt,
den ehrwürdigen Hontheim unter die Inschriftenfälscher zu setzen, kann nur Folgendes sein:
Die drei Nummern stehen bei Hontheim unter der allgemeinen Rubrik: „Antiquarum inscriptionum Treverensium collectio" und die letzte (die der Clamosa Civis Trevera) unter
der speciellen: „dii quorum olim in Treveris cultus". Dass Hontheim das Gebiet der Treverer
als Fundort jener drei Inschriften angesehen, steht nirgends geschrieben; dass dieses Gebiet
aber der Fundort nicht sein könne, ist eben so wenig aus den betreffenden Angaben bei
Gruter [3] zu erweisen. Inschriften und antike Sculpturen trierischen Ursprunges finden wir
in Mainz, Mannheim, Bonn, Darmstadt, Brüssel, Madrid und sonst. Hrn. Prof. Brambach's
Verdacht hat also nicht einmal eine Spur von Begründung für sich. Auf dieselbe Weise
hätte er Honth. Prodr. 182, 1 und 2, 183, 7, 184, 8, 187, 7, 8, 190, 2 verdächtigen müssen,
denn sie gehören nicht nach Trier, nicht einmal in's trierische Gebiet.

Die Zahl der bisher besprochenen angeblich gefälschten Inschriften ist unverhältnissmässig gering im Vergleiche zu der zweiten trierischen Rubrik im Corpus Inscript. Rhen.
S. 366: Lapides Clotteni. Dieser Clotten erscheint den Hrn. Prof. Mommsen und
Brambach als der Vertreter einer fast ein Menschenalter dauernden (gleichsam handwerks-
mässigen) Geschäftsthätigkeit im Fälschen von Inschriften.

Michael Clotten (auch J. M. Clotten, A. M. Clotten, Klotten) war geboren zu Trier
den 23. Juli 1758, Sohn des Joh. Georg Clotten und der Elisabetha Funck [4]), und besuchte
die höhern Schulen seiner Vaterstadt. Im Jahre 1778 finden wir ihn in Gesellschaft des
gelehrten Professors Noller und eines ungenannten Alterthumsfreundes (vielleicht des Prof.
Gertz) in Igel, damit beschäftigt, die berühmte und vielgelesene Inschrift des Denkmals der
Secundinier daselbst zu copiren [5]). Er that dies mit solcher Aufmerksamkeit, dass er, genau
wie Hr. Prof. Brambach sich 1866 rühmte, das schwierige N I V im Anfange der 7. Zeile

[1] C. I. Rh. Appendices pag. 366. — [2] Geschichte der Treverer unter der Herrschaft der Römer, S. 84 fig.
[3] Sie lauten: Gruter 13,5: in parvo saxo in Convenis Novempopulonias. 64,6: Augustae in aedibus Peutingeri.
[4] Kirchenbuch der Pfarrei zu Unserer Lieben Frauen in Trier im städtischen Civilstands-Archiv.
[5] Quednow, Beschreibung der Alterthümer in Trier etc. II S. 104.

las — ein Erfolg, um welchen ihn Lersch und Andere wohl beneiden könnten[1]). Clotten war, das geht aus diesen Umständen unzweifelhaft hervor, ein strebsamer junger Mann, der sich lebhaft für die vergangene Herrlichkeit der Augusta Treverorum begeisterte. Er sammelte noch als Student bei Neubauten und sonst zu Tage kommende bewegliche Alterthümer und stattete darüber im „Trierischen Wochenblättgen" bis zum Jahre 1786 Bericht ab. 1787 wurde er hochgräflich-dagstuhl-sötern'scher Oberamtssecretär zu Wadern. Nach Säcularisirung der geistlichen Güter sammelte er alte Urkunden und Handschriften; von jenen besass er über 300, von diesen gegen 70 und sie sollen grösstentheils nach Gotha, Darmstadt und Wolfenbüttel gewandert sein, nachdem ihnen bereits früher die Inschriftsteine, Urnen, Münzen u. dgl. vorausgegangen. Aus einer Bekanntmachung des Frhrn. von Hüpsch im „Trierischen Wochenblättgen", 14. Mai 1794, ist der Schluss gestattet, dass dieser Hüpsch entweder den Zwischenhändler für fremde Museen gemacht oder selbst einen Theil der Clotten'schen Sammlung an sich gebracht hat; denn er besass Inschriften und Urnen, welche Clotten zuerst veröffentlichte[2]).

---

[1]) Die Clotten'sche Lesung der Igeler Inschrifttafel hat sogar noch ganz entschiedene Vorzüge vor der Brambach'schen. Dass die Steinplatten der Inschrift etwa seit 1778 so stark verwittert wären, dass Hr. Prof. Brambach 1865 nicht mehr alles erkennen konnte, wäre eine üble Ausrede, denn es ist heute noch Alles zu entziffern, was Fischer (1826) in Rambour' „Ansichten" als vorhanden bezeichnet hat. Wir geben hier in aller Kürze eine vergleichende Darstellung dessen, was Prof. Brambach bei seiner „scala admota" vorgenommenen Revision sah und nicht sah, und dessen, was eine Superrevision vom 28. Febr. d. J. als noch vorhanden constatirte. In der ersten Zeile hat Hr. Br. die Buchstaben SECV nicht gesehen, und doch erkennt ein ziemlich gutes Auge das CV in einer Entfernung von sechs Schritten vom Fusse der Säule. Hinter dem V steht noch ganz unzweifelhaft ein senkrechter Grundstrich, ob von N oder R, war nicht mehr zu erkennen. Am Ende der ersten Zeile hat Hr. Br. zwischen A und M noch den Rest eines I gesehen; allein die beiden Buchstaben stehen so dicht zusammen, dass ein I bei der sonst auf der Inschrift üblichen Entfernung der Buchstaben keinen Raum mehr findet; jener Rest ist eine zufällige Beschädigung oder Spur einer Verwitterung. In der zweiten Zeile, an deren Existenz mitunter sogar gezweifelt wurde, die aber nur deswegen so stark verwittert ist, weil sie auf der (natürlich ursprünglich sehr feinen) durch die ganze Inschrift quer hindurchgehenden Steinfuge stand, hat Hr. Br. gar nichts gesehen. Soweit aber der Originalstein vorhanden ist, sind Reste von Buchstaben zu erkennen und zwar trotz der Moosdecke mit blossem Auge in einer Entfernung von einem Fuss. Durch Betastung sind deutlich die oberen Theile von VGII (unter SECVI) und am Ende der Zeile unter VOCA die Reste von VE zu finden, ein Ergebniss, das mich um so lebhafter interessirte, weil es sehr zu Gunsten der von mir versuchten Ergänzung der beiden ersten und des Anfangs der dritten Zeile spricht, die ich rein aus dem Inhalte der Inschrift selbst erschlossen hatte. In der dritten Zeile ist im Anfang NO ganz deutlich; es folgen etwa ½ Zoll hohe untere Reste zweier senkrechten Grundstriche und ein ziemlich vollständig erhaltenes I; es würde dies allerdings nicht ganz zu FILIS, wie man bisher stets ergänzte, passen; allein wir können füglich den einen Rest als Steinmetzfehler ansehen (wir werden gleich einen unbestreitbaren finden) und die Lesung des Hrn. Prof. Br. EIS ist eine Täuschung; es ist keine Spur des obern Querstriches in E und des herabgehenden Häkchens zu erkennen, denn, was Hr. Br. sah, ist Verwitterung. Die Zeilen 4, 5 und 6 stehen in Lesung und Ergänzung fest, mit Ausnahme des SECVNDINVS in Zeile 6. Hr. Prof. Mommsen will NIVS lesen und so habe ich auch ergänzt. Raum für I ist zwischen N und V vorhanden; V steht ganz auf dem folgenden Steine und ist zum Theile auf dem vorhergehenden; die senkrecht herunterlaufende Fuge ist breit genug, um einem I Raum zu geben. In Zeile 7 ist das famose NIV ausreichend lesbar erhalten. In SECVRVS ist eine Correctur, die, so viel ich weiss, noch Niemand beachtet hat: hinter C nämlich steht sehr deutlich P, der Anfang des folgenden R, über welches der Steinmetz sofort V einhieb und dann erst R folgen liess. In Zeile 8 im Anfang hat Hr. Br. die beiden II (zu SIBI) nicht gesehen, die doch unbestreitbar vorhanden sind. Dass diese Zeile sonst ziemlich richtig gelesen, gebe ich zu. Das Versehen betreffs der Länge der beiden Zeilen 7 und 8 ist bereits anderswo gerügt worden.

[2]) Steiner gibt bei folgenden Nummern seiner Sammlung den Baron von Hüpsch als Besitzer an: 1702—1705, 1722—1726, 1742—1744. Woher Steiner diese Notizen hatte, weiss ich nicht.

Im Jahre X der Republik, Sommer 1802, erschienen wieder Fundberichte von Clotten über alte Denkmäler, die aber zum Theile weiter ausholen und in das Gewand einer Entgegnung und Berichtigung eines französischen Aufsatzes über trierische Alterthümer gekleidet sind. Merkwürdiger Weise sprechen Clotten und J. H. Wyttenbach von jetzt an nur mehr von Copieen — die Originale sind [verschwunden. Hüpsch's Epigrammatographie erschien 1801 zu Köln, seine Sammlung kam nach Darmstadt, mit ihr auch die von Clotten an ihn verkauften Antiquitäten — kurz, Clotten scheint in der bedrängten Zeit von 1794 an seine Sammlung für gutes Geld verwerthet zu haben; Münzen und Bücher bot er schon früher aus. Die Worte, welche Wyttenbach gebraucht, sobald er von Clotten spricht, deuten freilich viel weniger auf eine Schuld Clotten's, als Dritter hin; ja Clotten soll überhaupt nur Copieen haben retten können. Allein trotzdem traf ihn eine harte Strafe: er wurde zuerst als ein unzuverlässiger Gewährsmann und zuletzt als Fälscher von Inschriften verschrieen. Jenen Makel hat ihm meines Wissens zuerst Schneemann angehängt[1]); diesen die Hrn. Prof. Mommsen und Brambach[2]), letzterer allerdings mit dem mildernden Zusatze, man dürfe seiner „proba voluntas" nicht misstrauen, Clotten sei also ein betrogener Betrüger, wie etwa Meyer in Aachen, Jaumann[3]), u. a. — seine Inschriften verriethen sich selbst als gefälschte. Eine genaue Durchsicht der von Clotten veröffentlichten Fundberichte schliesst aber jede Möglichkeit eines von einem unbekannten Dritten an Clotten verübten Betruges vollständig aus: Clotten hat, wenn er gefälschte Inschriften veröffentlicht haben soll, sie alle selbst fabricirt und andere damit betrogen, seine „proba voluntas" kann also nicht weit her gewesen sein. Uebrigens wird sich aus der Durchsicht der Fundberichte Clotten's im Vergleiche zu Hüpsch's „Epigrammatographie" und dem Brambach'schen Corpus Insc. Rhen. schon ergeben, welche Bewandtniss es mit der „Selbstverständlichkeit" jener Fälschungen hat. In wiefern Hr. Prof. Brambach dem Frbrn. von Hüpsch und dem (Canonicus?) Alfter — seinem Gewährsmann bezüglich der Clotten'schen Fälschungen[4]) — keine „proba voluntas" zutrauen will, mag er selbst beurtheilen. Ich gestehe, nicht zu begreifen, wie man Jemanden als Zeugen anführen kann, dem man selbst die „proba voluntas" abspricht.

Wir geben im Folgenden Alles, was sich auf Clotten'sche Inschriftenfunde bezieht, so weit es uns erreichbar war, und können versichern, dass wir durchgängig auf die ursprünglichsten Quellen, wie sie unsere Stadtbibliothek darbot, zurückgegangen sind. Ob in Echternach, wo Clotten 1829 starb, Reste seiner Sammlung oder Manuscripte von ihm noch vorhanden seien, haben wir nicht erfahren können.

----

[1]) Das römische Trier etc. S. 18 flg.

[2]) Einleitung zum C. I. Rh. p. XVII: quamquam plurimi editores tum harum (Treverensium) tum Coloniensium Cliviensiumque inscriptionum nimis neglegenter partes suas egerunt, tamen praeter Huepschium et Alfterum pauci sunt, quorum voluntati probae diffidamus, id quod in Clottenum Treverleum, cuius tituli infra compositi se spurios esse ipsi prodent ... cadit. Hr. Prof. Mommsen hat schon 1865 in einer Sitzung der berliner Akademie der Wissenschaften über „die Inschriftenfälschungen des Antiquars Clotten aus Echternach" gelesen, allein weder die „Monatsberichte", noch die „Verhandlungen" besagter Gesellschaft enthalten irgend nähere Mittheilung über den speciellen Inhalt jener Vorlesung.

[3]) „Ipse quidem Jaumannus probus fuit, sed, ut aiunt, oculorum debilitate falsus, quamquam credulitate ceteroquin nimia laborasse eum apparet", sagt Hr. Prof. Br I. c. p. 365.

[4]) C. I. Rh. pag. 366, zweite Sp. Note": uti testatur Alfter mst., nämlich dass die No. 50—67 der lapides spurii, die Hüpsch in seiner „Epigrammatographie" abgedruckt, von Clotten herrührten, wenigstens mit Clotten'schen identisch seien.

Fundberichte.

Trierisches Wochenblättgen, Jahr 1779.

No. 8 vom 21. Hornung.

Alte Grabschrift.

Auf einer Quadrat-Platten von Alabaster-Stein schier 1 deutschen Werkschuh in jeder Seiten haltend, ist bey Grabung der Fundamenten des neuen Canonicalhauses des Hrn. Canonicus von Baring, linker Hand, wann man aus der Landstrass in St. Paulins Kirch gehet, gelegen, tief in der Erden zwischen 2 mit Leyen bedeckten Aschen-Krügen gefunden worden, welche noch heydnisch zu seyn scheinet, dieses noch wohl zu lesenden Innhaltes:

[1]
```
HIC . QVIESCIT . IN . PA
CE . GAVDENTIOLVS
QVI . VIXIT . AN . VII . ET
MEN . VI . ET . DIES . XVI . TET
VLVM . POSVER 5
VNT . GAVDENTI
VS . ET . SERIOLA
PATER . ET . MATER
```

Eine Aehnlichkeit ist im Prodromus II. D. I p. 196 n. IX, p. 198 n. II, III, IV zu finden. Der Eigenthümer dieser Tafel ist Hr. Clotten, logices studiosus.

[Die Inschrift ist abgedruckt bei Hüpsch, Epigrammatographia, Coloniae ad Rhenum, 1801, p. 50, 19; in der Treviris 18⁵⁶, No. 29, wo der Fundort in der Nähe des Hauses der Erben Kocks angegeben; Schmitt, Paulin, S. 440, 24; Steiner Codex Inscr. Rh. et Dan. 1794 mit der irrthümlichen Angabe: „Gefunden 1781 bei der St. Paulskirche". Das Haus des Hrn. Can. Baring, der am 25. December 1823 starb, ist nach Schmitt l. c. die jetzige Nummer 38 in St. Paulin, späteres Eigenthum des ehemaligen Gymnasiallehrers Thomas Simon.]

Trierisches Wochenblättgen, Jahr 1780.

No. 8 vom 20. Hornung.

Alt-trierische Grabschriften.

Bey St. Paulin und Grabung eines Kellers im Hause des Hrn. Canonici von Baring wurden folgende marmorne Grabschriften ohnlängst ausgegraben:

I, welche die Mutter Maura ihrem Töchterlein Magniola gesetzt hat:

[II]
```
HIC . IACET . MAGNI
OLA . QVE . VIXIT . AN .
XI . MAVRA . MATER . TITV
LVM . POSVIT
```

Ein eingehauenes Blatt eines Baumes, dessen Blätter einem Herz ähnlich † † †. Diese besitzt Herr Sänger Hitzler.

[Abgedruckt bei Hüpsch 50, 21. Schmitt, Paulin, 441, 26. Treviris 18⁵⁶, No. 29.]

II, welche Iulia sich und ihrem Manne in Frieden gestellet hat:

[III]
```
IVLIA . SIB †
I . ET . VIRO . S
VO . IN . PACE
A            Ω
```

Diese hat Herr Clotten, Candidat der Rechten, nebst 2 silbernen und 1 kupfernen dabey gelegenen Römer-Münzen. Die silberne sind Denarii: 1. IMP. SERG. GALBA CAESAR AVG. P. M. Auf der Rückseite eine Weibsperson, in der Rechten eine abwärts gesetzte Kugel haltend, in der linken einen langen Stab: DIVA AVGVSTA. 2. T. CAESAR IMP. VESPASIANVS, auf der Rückseiten ein einfacher Adler mit ausgedehnten Flügeln, in der Mitte der Worten: COS V.

Die Kupfermünz von dritter Grösse: IMP. CAES. VESPASIANVS AVG. COS. VIII P.P., auf der Rückseiten: AEQVITAS AVGVSTI S. C., in der Mitte eine stehende Tugend mit der Waag in der Rechten, in der linken einen langen Staab. — Alle drei Stück sind wohl lesbar, auch schön und deutlich gezeichnet.

[Die Inschrift abgedruckt bei Hüpsch 50, 22; Schmitt, Paulin 441, 25. Treviris ib.]

Trierisches Wochenblättgen, Jahr 1780.

No. 42 vom 15. Weinmonat.

Alte Trierische Grabmäler.

Man fand deren zwey. Das erste wurde nicht weit von der Cartaus gegraben; es bestande aus einem seltenen kupfernen Krug, zwoen Urnen, die eine mit Aschen, die andere ohne Aschen, auch eine schon beschädigte gläserne Flasche, bey diesen lag noch eine unkenntliche Römermünze. Das andere ward zu Igel zwo Stunden ober Trier entdecket; es bestand aus 3 Urnen von Erde, die zwo ersten waren von rother, und die letzte kleinerne von blauer Erde. Die erste enthielte Aschen. Es lage dabey eine Grabschrift in weissem Marmor, hatte einen Schuh in der Länge und einen in der Breite, man lase dieses darauf:

[IIII] CLAVDIA.PARVA.IN.PA
CE.QVAE.VIXIT.ANNOS
XIIII.ET.DIES.XX.TET.
ATHENIMIVS
EDVXIT   5
M.R

Diese Grabschrift und Urnen besitzet Hr. Clotten, Hörer der Rechten in Trier.
[Abgedruckt bei Hüpsch 51, 26. Trevíris l. c. mit der Variante in Zeile 5 ET statt TET. Steiner 1826 gibt die Inschrift als im Museum zu Trier befindlich an.]

Trierisches Wochenblättgen, Jahr 1780.
No. 45 vom 5. Wintermonat.

Altes Trierisches Grabmal, Welches Crescens seiner Ehegattin Aelia Tribuna gesetzt hat; man fande diess 9 Schuhe in der Erde ohnweit der Kirche des hl. Paulins: den Ranft umgeben 4 Vögel, welche an Trauben fressen, mit dieser Aufschrift:

[V] D.HIC.IACET.AELIA.TRIB
VNA.M.QVAE.VIXIT.AN.LX.
D.X.TET.CRESCENS
CONIVGI.DEDIT

Dieses Grabmal enthält 2 Schuhe in der Länge und 1 in der Breite; der Besitzer ist Herr Klotten, Hörer der Rechten.
[Abgedruckt bei Hüpsch 50, 20. Schmitt, Paulin 448, 27, Steiner 1745; Treviris, 1836, No. 29 mit Auslassung des M (anit-us) in der zweiten Zeile.]

Trierisches Wochenblättgen, Jahr 1781.
No. 1 vom 7. Jänner.

Altes Trierisches Grabmal, Welches Tyria dem Tyrio gesetzt hat; es wurde ohnweit dem Gotteshaus ad Ss. Martyres neulich herausgegeben eine Urne von rother Erde, mit den Aschen, in welcher eine Neronische Münze von mittler Grösse mit dieser Aufschrift: IMP. NERO CAESAR AVG. GERM. Die andere Seite ein Genius, S.C, mit diesen Worten S. P. Q. R. Die Platte ist von weissem Marmor, viereckigt und lautet:

TYRIVS.QVI.VIXIT   [VI]
AN.XX.MEN.II.TET.
TYRIA.FECIT
Der Besitzer ist Hr. Clotten, Hörer der Rechten in Trier.

Trierisches Wochenblättgen, Jahr 1781.
No. 27 vom 8. Heumonat.
Alte Trierische Grabmühler.

Man entdeckte deren zwey, wovon das eine heydnisch, das andere aber christlich zu seyn scheinet. — Erstes wurde vor dem Neuthor ohnweit der Capellen zu St. Barbara entdecket; es bestunde aus einer alten verbrochenen gläsernen Aschen-Urne, einer unkänntbaren Münze, worauf von beyden Seiten unkänntbare Thiere zu sehen, einer weissen marmornen Platte, worauf folgendes zu lesen:

D   M.   [VII]
MESSIO.ORT
ELIO.VIRO
FORTISSI
MO.MESA   5
FACIT

Das andere wurde in einem Stuck Landes ohnweit der Abtey Mergen ausgegraben dieses Innhalts:

SERVATO   [VIII]
IN.PACE
Der Besitzer ist Hr. Clotten, Hörer der Rechten in Trier. (Es folgt das Angebot einer seltenen Münze des Erzbischofs Ludolf.)
[Die Inschriften sind abgedruckt (VII) bei Hüpsch 48, 9 und (VIII) 50, 18. Treviris l. c. No. VII bei Steiner 1723 mit der falschen Jahresangabe 1785 und der Variante MESSA]

Trierisches Wochenblättgen, Jahr 1781.
No. 28 vom 15. Heumonat.
Altes Trierisches Grabmahl,

So in einem Garten ohnweit der Moselbrück gefunden worden: es ist von weissem Marmor mit Vögeln und Trauben umgeben, 3 Schuh lang und 2 Schuh breit.   [VIIII]

AVFIDIVS.PRESBITER
Q.V.ANN.PLVS.MINVS.L
HIC.IN.PACE.QVIES
CVI.AVCVRINA.SOR.
ET.AVCVRIVS.DIACON.5
FILIVS.ET.PRO.CARITATE
TITVLVM.FIERI.IVSSERVNT

Der Besitzer ist Hr. Clotten, Hörer der Rechten in Trier.

[Abgedruckt bei Hüpsch 51,23; Trevirls l. c.; Schmitt Paulin 385; Steiner 1751, mit den Varianten PRESBYTER, QVIESC. und AVGVRIVS, AVGVRIA.]

Trierisches Wochenblättigen, Jahr 1783.

No. 47 vom 23. Wintermonath.

Jüngst gefundene Aufschrift eines alten merkwürdigen Denkmahls von den Römer-Zeiten.

[I] NVMINIBVS.AVGVSTI
ET.GENIO.TREVIRORVM
IOVI.SAC.LVC.AEL.
ARAM.FACIT

Zu deutsch: „Den Göttern des Kaisers, und Iupiter dem Schirmgott der Trierer gewidmet, hat Lucius Aelius diesen Altar errichtet". Es besitzt selbe Hr. Clotten, I. U. Emeritus et Antiquarius.

[Abgedruckt bei Hüpsch 46,1, Orelli 1805 und Steiner 1701, bei letzterem mit der Lesart TREVERORVM und der falschen Jahresangabe 1781.]

Trierisches Wochenblättgen, Jahr 1786.

No. 1 vom 1. Jänner.

Anzeige eines alten Trierischen, von Zeiten der Römer jüngst entdeckten Grabmahls, so ohnweit der Kirche des H. Paulins herausgegraben worden; es bestand aus einem steinernen Sarg, einer Urne mit Aschen und folgender Aufschrift:

[XI] D.EVGENIAE.M
FILIAE.DEFVN
CTAE.IVLIVS.VIC
TOR.CVRAR.IVS
ET.SACRARIVS 5
ET.ACCERTINAE.CON
IVGI.HERNORENTIO
FILIO.VIVIS.VIVVS
FECIT

A. M. Clotten, Iurium cm. et Ant. Trev.

[Abgedruckt in verbesserter Lesung bei Hüpsch 52,27, Orelli 4176; Steiner 1724 und im C. L. Rh. 827.]

Trierisches Wochenblatt, Jahr 1797.

No. 53 vom 31. December.

Ankündigung des J. M. Klotten, Oberamts-Secretärs zu Waderu bei Dagstuhl, betreffend die Herausgabe einer Sammlung der Denkmäler und Steinschriften, die seit 30 Jahren in und um Trier entdeckt worden. „Schon seit geraumer Zeit machte ich mir ein beson-

deres Geschäft daraus, alle römische Alterthümer und Ueberbleibsel der Vorzeit, die seit 30 Jahren in und um Trier herum entdeckt und ausgegraben worden sind, entweder selbst mit allem Fleiss zu sammeln, oder mir doch zum wenigsten eine authentische Beschreibung davon zu verschaffen. Dürfte ich hoffen, einen kleinen Beitrag zur vaterländischen Geschichte damit liefern zu können; so würde ich vielleicht bald ein Werkchen bekannt machen, welches eine Sammlung der Denkmäler, und Steinschriften aus den römischen Zeiten enthielte, welche meistentheils in und um Trier entdeckt, und ausgegraben worden sind. — Ich werde mich bemühen, eine genaue Beschreibung der Opferaltäre, der Gelübdesteine, der Todtensärge und Lampen, der Urnen, der Denk- und Begräbnissschriften sowohl aus den heidnischen, als auch aus den ersten christlichen Zeiten zu liefern: Die Inschriften werde ich gedrängt in deutscher Uebersetzung geben, und auch eine kleine Kenntniss unserer alten trierischen Gottheiten mit einfliessen lassen. Mein Werkchen soll nur ein Beitrag und eine Erzeugung[1] desjenigen werden, was Brower, Masen und der unsterbliche von Hontheim hierin schon geliefert haben. Auch werde ich nicht ermangeln, die Plätze auzugeben, wo sowohl seit mehrern Jahrhunderten, als noch in gegenwärtigen Zeiten die meisten römischen Alterthümer und Denkmäler bei uns sind vorgefunden worden. — Sollte vielleicht in diesen Tagen bei Eröffnung so vieler Laufgräben, und bei Aufwerfung so mancher Schanzarbeiten Entdeckungen und Sammlungen von der Art noch gemacht worden seyn; so bitte ich mir selbe auf jede nur mögliche Art mitzutheilen. Dankbar werde ich sie zum Behufe der trierischen Geschichte benutzen und bekannt machen."

Nach dem „Trierischen Wochenblatt" vom 24. Oct. 1798 war J. M. Clotten Friedensrichter des Kantons Wadern. In der Beilage zum „Trierischen Wochenblatt" von 1819 No. 32 bietet der „ehemalige Friedensrichter", damals in Echternach wohnhaft, Bücher und Handschriften (300 Pergament-Urkunden und 70 Perg.-Codices) feil.

Der Trierische Ankündiger für das Saardepartement.

No. 68, Samstag den 10. Fruktidor Jahres X.

Die periodische Zeitschrift von Paris, „Citoyen françois" betitelt, hat unterm 27. Prairial letzthin einen Aufsatz, welcher den Ursprung und die vielen raren Alterthums-Ueberreste

---

[1] Druckfehler statt Ergänzung.

von Trier und dasiger Gegend berührst, bekannt gemacht. Unter vielen merkwürdigen Ueberresten der Vorzeit bemerkst der Verfasser besonders einen dem Gotte Merkur geheiligten Votiv- oder Gelübd-Stein, der oder der Thüre eines kleinen Gebäudes, so gegen Norden unserer Stadt gelegen, eingemauert zu sehen ist. (Note: Dieser Gelübdstein befindet sich oben der Thüre des Gartenhauses, welcher Garten ehedem Br. Valentin Hitzler zu Paulin besessen, dermahlen aber von Br. Lelièvre, Domänen-Director benutzet wird.) Die Abschrift des bemelten Votivsteines wird, wie hier folgt, vom Verfasser der periodischen Zeitschrift, aber nicht genau abgezeichnet, angegeben:

[XII] IBHDD.DEO.MERCVRIO
V O T V M . S O L V I T

Um die fehlerhaft hier angegebene Inschrift genau zu berichtigen, so ist der wahre Inhalt zu lesen, wie folget:

IN.H.D.D.DEO.MERCVRIO
////ELV//////GRATA////////
V O T V M . S O L V I T

id est: in honorem domus divinae deo Mercurio Helvius grata mente votum solvit.
Nota. Quod uero domus divinae vocabulo, Augustalem et Imperatoriam intellig. veteres quam monumentis etiam positis adulabantur.

Von der Verehrung Merkurs bei den alten Gallier und Trierer verdienen folgende seit 21 Jahren in und um die Gegend unserer alten Stadt entdeckte römische Gelübdsteine besonders bemerkt zu werden.
Der erste derselben wurde im Jahre 1781 in Trier herausgegraben und hatte folgende Aufschrift: [XIII]

DEO.MERCVRIO.TREVIRO
RVM.CONS*)///////AELIVS.MESSIVS
ARAM.POSVIT.DE.SVO.

*) Conservatori.
[Abgedruckt bei Hüpsch 47, 4, Orelli 1405, Steiner 1708 mit der falschen Jahresangabe 1784.]

Der andere wurde in selbigem Jahre ohnweit der Kirche zum H. Mathias in der Vorstadt entdecket, folgenden Inhalts:

[XIIII] MERCVRIO.NVMIDIVS
E X . V O T O ////////

1783 wurde zu Kastel bei Saarburg nebst vielen andern seltenen Alterthümern folgender Gelübdstein herausgegraben:

[XV] M E R C V R I O
SEVERVS.ET.CLAVDIVS
V . S . L . L . M .
[Steiner 1709 mit der Eingangsformel t. H. D. D.]

Folgendes Bruchstück wurde im Jahre 1783 ohnweit Mergen einer ehemaligen Benedictiner-Abtey bei Trier durch den Pflug herausgeworfen:

[XVI] *) D E O . M E R C V R I O
//////NVS.PRO.SAL//////
////////// N A E ////LIAE
V . S . L . L . M . **)

*) Deo Mercurio Maternus pro salute Faustinae filiae.
**) id est: votum solvit libens laetus merito.
[Abgedruckt bei Schmitt, Paulin 442 und im C. I. Rh. 765.]

1784 wurde in eben bemelter Gegend dieser merkwürdige Altarstein, welcher folgende sehr leserliche Aufschrift hatte, herausgegraben: [XVII]

MERCVRIO.TREVIRORVM.NVNDINATORI
VINDEX.ALBINVS.ET.POSTHVMIVS
VETVRIVS.V.S.L.L.M.

[Schmitt, Paulin 442, mit dem Zusatze DEO in der ersten Zeile. Steiner 1707.]

Nahe an dem Orte Limbach in einem Walde wurden im Jahre 1786 sehr viele merkwürdige Alterthümer, mehrere römische Inscriptionen, worunter aber jene, so hier folget, für die Trierer sehr merkwürdig ist, entdecket: [XVIII]

MERCVRIO.NVNDINAT.*)ET
GENIO.HVIVS.LOCI.SANCTO
CIVITAS.TREV//////////EX.VOTO
P O S V I T .

*) Nundinatori, l. e. Vorsteher der Kaufmannschaft.
[Schmitt, Paulin 341. Steiner 1710.]

Auch zwei geflügelte Merkurs von Bronz, so ohnlängst bei Trier herausgegraben wurden, und unterschriebener nebst andern bei Trier entdeckten Alterthümern besitzet, verdienen besonders bemerkt zu werden. — Die Altäre, Denkmäler und Gelübdsteine vieler andern von den alten Trierern verehrten Gottheiten, wie auch viele von den Zeiten der Römer seit 34 Jahren gesammelten noch ungedruckten Begräbnissschriften werde ich in einem kleinen Werkchen unter dem Titel: Epigrammatographia sive collectio inscriptionum Trev. antiquioris aevi, inter quas plurimae ineditae occurrunt, herausgeben.

J. Michael Clotten, Antiquarius.

5

[In der periodischen Zeitschrift *Citoyen français* hatte J. M. Clotten, nach der Angabe J. J. Stammel's im „Trierischen Ankündiger für das Saardepartement" No. 11 vom 25. Brumaire, Jahres X, einen Aufsatz veröffentlicht, in welchem er „den Ursprung von Trier 1300 Jahre vor Erbauung Roms heraufrückt und die letzte Entdeckung mehrerer tausend römischen Münzen und anderer merkwürdigen Ueberreste der Vorzeit bekannt macht" Im Gegensatze zu dieser Ansicht Clotten's behauptet nun Stammel, die Trebetassage sei ein grundloses Märchen. — Der von Clotten oben angezogene Aufsatz aus derselben französischen Zeitschrift, vom 27. Prairial Jahres X, ist übersetzt im „Trierischen Ankündiger" No. 62 vom 10. Thermidor desselben Jahres (29. Juli 1802). Die daselbst vorbehaltenen „Bemerkungen und allenfallsigen Berichtigungen" in No. 68 desselben Blattes rühren ebenfalls von dem Bürger J. J. Stammel her und schliessen mit den Worten: „Es wäre allerdings ein lobenswürdiges Stück Arbeit, welches alle Aufmunterung verdiente, alle antiquarischen Merkwürdigkeiten unsrer Stadt zu sammlen, und die richtige Beschreibung davon dem National-Institut zuzuschicken. Der bekannte trierische Alterthumssammler Br. Clotten in Wadern hat in diesem Fache schon vieles gethan: die Aufschriften mehrerer in neuern Zeiten entdeckten Votivsteine hat er in einem eigenen Werke gesammelt, und ich theile bei dieser Gelegenheit einen Aufsatz von ihm mit, welcher besonders in Hinsicht der Votiven, die die Trierer der bey ihnen so beliebten Gottheit des Mercurius setzten, merkwürdig ist". Es folgt nun der oben abgedruckte Aufsatz, welcher mit Weglassung des letzten Alinea's in der Treviris 1836 No. 31 wiederholt ist. M. F. J. Müller fügt daselbst die folgende Note an: „Nach einem langen und mühsamen Nachsuchen, fand ich auch das genannte Zeitblatt, der Trierische Ankündiger etc. vom 10. Fruktidor Jahr X. (28, August 1802) No. 68, worin mehrere alte Inschriften bekannt gemacht wurden. Da ich aber die Originale derselben nie eingesehen habe, so kann ich die Echtheit dieser Abschriften um so weniger verbürgen, als ich mich schon vorlängst überzeugt habe, dass derlei Abschriften nicht immer getreu gegeben werden. — Ich wiederhole an dieser Stelle den Wunsch, dass diejenigen, welche sich damit abgeben, derlei so merkwürdige Geschichtsquellen bekannt zu machen, sich es jedesmal mögen gefallen lassen, anzumerken, ob sie die Originale selbst vor Augen hatten oder nur Nachschreiber der Abschreiber sind. M. F. J. Müller."]

Der Trierische Ankündiger etc. Jahr X.

No. 71, Sonntag den 25, Fruktidor.

Trier, den 21. Fruktidor.

Merkwürdig für den Freund des grauen Alterthums und der trierischen Geschichte ist die Entdeckung, die man vor einigen Tagen beym Ausgraben der Erde in der ostsüdlichen Gegend unsrer Stadt, in der Nähe des alten Römer-Amphitheaters, machte. Bey dem daselbst gelegenen Städtischen Gebäude, zum Herrn Brünchen genannt, entdeckte man ein in grauem Steine ausgehauenes Bild einer römischen Gottheit. Der Stein ist nicht höher als 1½ Schuh und stellet eine sitzende Göttin vor, welche auf ihrem Schoosse ein Schäfchen, in der Rechten eine Garbe und in der Linken ein Körbchen mit Blumen trägt. Aller Vermuthung nach stellet diese Abbildung die Göttin Ceres, die Vorsteherinn der Feldfrüchten, vor: man hat selbe zu ihrer Erhaltung in der um dieses isolirte städtische Gebäude neuerdings aufgeführter Mauer angebracht.

Weiter gegen Norden über dem Bache hin, in der Nähe des Weges, der vom Altthore in die Olewig führet, stiess man ebenfalls beim Ausgraben der Erde auf eine prachtvolle Säule antiquer Bauart: in so weit sie von der Erde schon entblösst dasteht, hat ihre Höhe ihrer Breite 2 Schuhe. Das Kapital ist davon getrennet und hat folgende Aufschrift, die aber doch keinen Aufschluss über die ursprüngliche Bestimmung dieser Säule gibt:

I B A V G

I B E R T

Man wird sich Mühe geben, über die Entzifferung dieser Buchstaben und über die ursprüngliche Bestimmung dieser prachtvollen Säule, die in der Gegend des grossen Römeramphitheaters nicht zwecklos stand, alle mögliche Nachforschungen anzustellen.

J. J. Stammel.

Höchst merkwürdig ist der römische Gelübdstein, so im Jahre 1780 ohnweit dieser Säule am Fusse des II. Kreuzberges herausgegraben worden. Er war dem Gott Iupiter und der Göttin Iuno zum Heil des gütigen Kaisers Trajan von einem römischen Hauptmann der VI. Trajanischen Legion Namens Licinius durch ein Gelübd gewidmet und hatte folgende Aufschrift:

[XVIII]   I . O . M .*)

ET . IVNONI . REGINAE
PRO . SALVTE . IMPERA
TORIS . TRAIANI . AVG.
LICINIVS .)**) LEG . VI . TR   5
AIAN . EX . VOTO . POSVIT

*) id est: Iovi optimo maximo.
**)) id est: Centurio.   [Steiner 2007.]

Auch der 6½ Schuh lange römische Begräbnisssarg, so daselbst unter Aufsicht des Hrn. Jaques Julien, Garde de Genie, im Jahre 1797 herausgegraben worden, verdient bemerkt zu werden. Er enthielt den wohlerhaltenen Körper eines vornehmen Römers oder Galliers, über dessen Haupt eine merkwürdige silberne Flasche und ein Gefäss voller Münzen der Constantinischen Familie, sammt einem Thränenglas befindlich war: der Körper lag gegen Sonnen-Aufgang, die Hände ganz gestreckt mit goldenen Armbändern und Schliessen versehen. Zu bedauren, dass die dabei befindliche Aufschrift, die den Aufschluss über dieses seltene Begräbniss hätte geben können, mir nicht zu Händen kam.

J. M. Clotten, Antiquarius.

Der Trierische Ankündiger &c. Jahr X.
No. 72, Freitag den 30. Fruktidor.

Trier den 27. Fruktidor.

Höchst merkwürdig für Freunde des grauen Alterthums und der Trierischen Geschichte ist jene dem Gotte Mars (Kriegsgott der Römer) von einem Römer oder Gallier Namens Calpalpius Libertus gesetzte Aufschrift, so sich auf einem antiken 2½ Schuh breiten Kapital einer Säule, welches auf eben dem Platze, wo die vom Bürger Stammel im Ankündiger des Saardepartements No. 71 entdeckte Säule ohnweit dem römischen Amphitheater sich vorfindet, gestern herausgegraben worden und folgenden Inhaltes ist:

[XX] M A R T I . V I C T *)
V G . C A L P A L P I **)
I B E R T V S . A V
J. M. Clotten, Antiquarius.

*) Victori. **) Calpalpius.

[Nach Florencourt's Angabe war dieser Stein „früher in einer Gartenmauer am sogenannten Herrenbrünnchen eingemauert". Fl. gibt die Inschrift in den Bonner Jahrbüchern XVI, p. 66, als „unedirte". Steiner 1820. C. L. Rh. 773.]

Der Trierische Ankündiger &c. Jahr XI.
Dienstag den 25. Brumaire.

In der Nähe des Amphitheaters, wo schon zwei Säulen, die dem Kriegsgotte gewidmet waren, ausgegraben wurden, hat man wieder vor Kurzem eine alte Inschrift gefunden, welche derselbigen Gottheit und einem gewissen Römer, Namens Iulius, gesetzt war. Folgt die Inschrift:

[XXI] M A R T I
E T . I V L I O . O P T I M O

J. H. Wyttenbach, Geschichte von Trier,
I S. 79—81. 1809.

Ich will hier einige vorzüglich merkwürdige Inschriften folgen lassen, die noch unbekannt sind. Die fünf ersten sind in den Jahren 1776, 1778, 1780 und 1786 entdeckt worden.

Hr. J. M. Clotten, von Trier, jetzt Einwohner von Echternach, hatte die Güte, mir diese Inschriften mitzutheilen. Ohne seinen bekannten Eifer im Aufsammeln vaterländischer Alterthümer würden wir von manchen keine Kenntniss mehr haben.

1.   I . O . M .   [XXII]
E T . D I I S . D E A B V S q u E
I M M O r T A L I B V S . E T . G E N I O
L O C I . s a N C T O . C L A V D I V s
F E L I X .] L E G //////// c o N S T A 5
N T I N i e n a e . r o T V M . s o L V I t

2.   I . O . M .   [XXIII]
E T . G E N I O . L O C I . S a n c t o
M A R C E L L I N V S . E T . C O M M O D V S
V . S . L . L . M .

3.   [XXIII]
I O V I . I M M O R T A L I . S A C R V M
M . A V R E L I V S . E T . M . a l B i C I V S
S A C E L L V M . E X . V O T O
F A C I V N D V M . C V R A V
E R V N T 5

4.   I . O . M .   [XVIIII]
E T . I V N O N I . R E G I N A E
P R O . S A L V T E . I M P E R A
T O R I S . T R A I A N . A V G .
L I C I N I V S .] L E G . V I . T R A 5
I A N I . E X . V O T O . P O S V I T

5.   I . O . M .   [XXV]
E T . V E N E R I . V I C T R I C I
L . F L O R V S . E T . M . C O R V I
N I V S . P R O . S A L V T E . I M P E R A
T O R I S . V E S P A S I A N I . A V G .
V . S . L . L . M .

Von den noch nicht bekannten Inschriften sind folgende drey, welche man in den Jahren 1783, 1784 und 1786 aufgefunden, die merkwürdigsten:

1.   I . H . D . D .   [XV]
M E R C V R I O
S E V E R V S . E T . C L A V D I V S
V . S . L . L . M .

                        [XVII]
2. M E R C V R I O . T R E V I R O R V M . N V N D I N A T O R I
V I N D E X . A L B I N V S . E T . P O S T V M I V S
V E T V R I V S . V . S . L . L . M .

[XVIII]

3. MERCVRIO.NVNDINAT*ri*ET
GENIO.HVIVS.LOCI.SANCTO
CIVITAS.TREV*erorum*EX.VOTO
P O S V I T

Auf diesem Steine befand sich zugleich
das Bildniss Merkurs auf einer Geldbörse in
der Hand und den übrigen ihm zukommenden
Attributen.

Ebenda, S. 109, Note.

Ich theile die Zeichnungen einiger sehr
geschmackvollen Urnen mit, welche vor länge-
rer Zeit in unserer Gegend gefunden worden
und sowohl ihrer Aufschriften wegen als in
Ansehung ihrer Form sehr bemerkenswerth
sind. Die Originale selbst sind längst ins
Ausland gewandert. Die Zeichnungen davon
hatte Hr. Clotten aufbewahrt.

[XXVI—XXXV] 1. S A B I N A
H I C T R I B I A C E T
V N A

2. TAVRVS.CANDIDI. 3. LEG.V
4. LEG.III 5. AELIA.CORNE*lia.*
6. u. 8. Christusmonogramme. 7. CORDIVS.
9. IVLIA 10. D. M.
FVLVIAE.ET
GALBAE.TIT
VS.POSVIT

Das Original (von No. 10) vou Alabaster
befand sich in ehemaligen Museum des Hrn.
v. Hüpsch zu Cöllen. [Jetzt in Darmstadt,
C. I. Rh. 828, Steiner 1722 hat die Urne zu
einem Inschriftsteine umgestaltet.]

**J. H. Wyttenbach, Forschungen über die römischen
Alterthümer im Moselthale von Trier,**
Trier 1844, 8. 75.

In den Jahren 1802 und 1803 wurden
mehrere dem Mars gewidmete Säulen ausgegraben. Eine mit der Inschrift

M A R T I . V I C T

Auf einer andern las man die Worte:

[XX] M A R T I
ET.IVLIO.OPTIMO

Es ist zu beklagen, dass diese drei Steine
[die Inschrift No. XVIIII mit eingerechnet]
sich verloren; aber ich hatte glücklicher Weise
die Inschriften aufbewahrt.

[Vergleiche Wyttenbach in dem Texte zu Ramboux'
Malerischen Ansichten S. 10.]

J. H. Wyttenbach, Neue Beiträge
zur antiken, heidnischen und christlichen Epigraphik,
Trier 1833 (Gymnasialprogramm), S. 15.

In meiner Geschichte von Trier machte
ich acht Inschriften bekannt, die in den drei
letzten Decennien des vorigen Jahrhunderts
bei uns waren gefunden worden. Die folgende
hatte ich damals vergessen. Es war ein 3
Schuh langer, 1 Schuh breiter, von Q. Faustus
dem Merkur gesetzter Gelübdstein von Travertin, der vor dem Marathore ausgegraben
und von einem Canonikus zu St. Paulin [von
Baring?] aufbewahrt wurde. Die Inschrift
lautete:

I N . H . D . D . [XXXVI]
DEO.MERCVRIO
Q . F A V S T V S . T R E .
V . S . L . M .

[Nach Wyttenbach's Angabe ebenda S. 16 wurde
die Inschrift des C. I. Rh. 788 auch auf Stress Paulin
in jener Zeit ausgegraben und 1826 vom Appellationsgerichtsrath M. F. J. Müller genau copirt.]

Trierische Kronik, vierter Jahrgang, 1819.
Monat October, S. 140—144.

No. 18 der historischen Nachlese [von der
zur Beförderung der Trierischen Geschichte
ernannten Deputation des Stadtmagistrats zu
Trier, constituirt am 11. Febr. 1819, erste
Sitzung am 18. Febr. 1819, cfr. l. c. S. 21 flg.].

Alttrier, dermahlen ein Dörfchen von
beinahe 20 Häusern, in dem Grossherzogthum
Luxemburg, Kanton Echternach .... 6½ Stunden westlich von Trier, ... gelegen ....
Unter denen an diesem Orte von Zeit zu Zeit,
vorzüglich in den letzteren Jahren, gefundenen
Gegenständen aus dem hohen Alter, welche
leyder nur zum Theil in die Hände der Keu-
ner gekommen, zum Theil aber zerschlagen
worden sind, und deren einige sich in dem
angeführten Buche des Herrn Molina [sic!
A. B. Minola, Beiträge zur Uebersicht der
Römisch-deutschen Geschichte, Köln 1818] be-
schrieben finden, bemerkte ich folgende:

1) eine silberne Hand, vermuthlich von
einer Standarte.

2) ein goldener Ring, 2½ Louisdor schwer,
mit einem eingefassten blauen Stein, auf welchem eine männliche Figur und einen neben
ihm auf den Hinterbeinen stehenden Hundes.

. . . .
11) Ein Merkur von Bronze. Ist in dem
Kabinet zu Trier.

. . . .
13) Ein steinener Kopf, den Kopf einer

Medusa vorstellend, ist in das Kabinet nach Paris gekommen.

14) Urnen, Grablampen, Thränenfläschgen; die Zernichtung einer hier [gefundenen] von terra sigillata geformten Urne bedauere ich besonders, weil dieselbe, wie die von dem Herrn Clotten, Forscher der Alterthümer in Echternach, aufbewahrte Ueberbleibsel ausweisen, und die auf denselben befindliche Figuren von Menschen, Thieren, Bäumen etc. in der Geschichte interessante Gegenstände gewesen wären.

15) Vielen Laren oder Hausgötter, davon die mehrsten von Erde, einige von Bronze gewesen sind, als Diana, Merkur, Priape etc.

16) Vorzüglich zu bemerken ist ein hierselbst gefundener, von dem benannten Herrn Antiquarius Clotten aufbewahrter Stein, der auch leyder in der Mitte gespaltet worden ist, eine auf einem Pferde seitwärts sitzende weibliche Figur, auf dem Schoose einen Hund und einen Vogel haltend, vorstellend. Bey dem ersten Anblick, hielte ich diese Figur für eine Göttin Nehalennia.....

17) Einige Inschriften, von welchen ich nur folgende in Abschrift vorlegen kann.

[XXXVII] 1. DEO . MERCVRIO
GALBA.EX.VOTO
POSVIT

[XXXVIII] 2. APRILIO.TRALIO
DEFVNCTO

[XXXVIIII] 3.
D.MINERVINAE.CONIVGI.M.
DEFVNCTAE.QVAE.VIXIT
ANNIS.XXXIII.ALBINVS
CONIVX.TETVLVM
POSVIT   5

[Der Verfasser des ganzen Artikels über Alttrier ist — nach der Darstellungsweise zu urtheilen — jedenfalls der Appellationsgerichtsrath M. F. J. Müller aus Trier. Die Inschriften erhielt er von J. M. Clotten, wie die Nennung dieses Antiquarius andeuten scheint. Für Steiner's Codex, No. 1035, 1037 und 1038, hat Prof. Engling aus Luxemburg die beiden letztern nochmals copirt und die Fundorte genauer angegeben. Varianten sind keine vorhanden, ausser dass bei Steiner 1938 = XXXVIIII das M. in der ersten Zeile fehlt und die Zeilen dieser u. der No. 1035 = XXXVII andere abgetheilt sind. Die letztere No. gehörte dem Hofrath Derow.]

Treviris, 1836, dritter Jahrgang.
No. 26, vom 2. Juli.
Römische Inschriften betreffend.

Herr Direktor Wyttenbach hat in seinen als Anhang zum Gymnasial-Programme für das Jahr 1833 erschienenen neuen Beiträgen zur antiken, heidnischen und christlichen Epigraphik, S. 4 bemerkt, dass in dem Trierischen Wochenblatte von den Jahren 1779, 1780 und 1781 und in dem Ankündiger von dem Jahre 1802 einige der in unserer Umgegend aufgefundenen römischen Inschriften sich abgedruckt finden. Einsender hat sich vergebens bemüht, die genannten Blätter aufzutreiben und er ist überzeugt, dass dieselben nur noch in einer geringen Anzahl Exemplare vorhanden sind. Es wird vielen der Leser der Treviris angenehm sein, diese Steinschriften in derselben abgedruckt zu finden, weshalb die Bitte an die Besitzer genannter Blätter ergeht, dieselben nach der Redaction der Treviris mittheilen zu wollen. Letztere wird gewiss sich geneigt finden, diese Inschriften mit den über ihre Fundorte angegebenen Nachrichten und den sonstigen Mittheilungen der damaligen Einsender der Aufsätze in ihrem, der Sammlung der nach und nach aus unserem heimatlichen Boden zu Tage geförderten Denkmale der Vorzeit bestimmten, Blatte nochmals abdrucken zu lassen und dadurch sie nicht nur mehr verbreiten, sondern auch zu Nachforschungen und selbst weiteren Entdeckungen Anlass geben.
S.

Ebenda, No. 29, vom 23. Juli.
Zur Epigraphik unserer Umgegend.

Dem Wunsche mehrerer verehrten Leser der Treviris, die in dem Trierischen Wochenblättchen von den Jahren 1779, 1780 und 1781 mitgetheilten röm. Inschriften wieder abgedruckt zu sehen, kam Hr. Appellationsgerichtsrath Müller mit gewohnter Bereitwilligkeit entgegen. Sie sind in No. 8 von 1779, No. 8, 43 und 45 von 1780 und No. 27 und 28 von 1781 enthalten. Herr Müller bemerkt, dass er die Aechtheit der in Frage stehenden Inschriften nicht verbürgen könne, weil er die Originale nicht gesehen habe.
[Es folgen nun auszüglich, mit einigen Zusätzen, die Fundberichte der Inschriften No. I—V und VII—VIIII.]

„Treviris" von 1840, 1. Band, S. 102.

Im Jahre 1786 erhielt ich von einem Freunde der Alterthumskunde die Kopieen einiger in den Jahren 1783 und 1786 in der Umgegend von Trier entdeckten Inschriften, deren einige ich nur kurzem durch Zufall zurückgefunden habe. Zwar bin ich nicht ganz überzeugt, dass dieselben bisher noch keine Publicität erhalten haben, indessen würde ein wiederholter Abdruck an dieser Stelle deswegen nicht nutzlos sein. Da ich aber die Originale nicht selbst eingesehen habe, so kann ich die Echtheit dieser mir mitgetheilten Abschriften nicht unmittelbar verbürgen.

[XXXI] 1.

D.   M.
CAIVS.MARIVS.SILANVS.TRIB.
PLEBIS.ALBINAE.SVAE
H.   F.   C.

[XXXII] 2.

D.   M.
M*).MEMNIO.COMMENTO
ET.PRIMIAE.FILIAE.SVAE

*) Lese Marovs, nicht Marco.

[XXXIII] 3.

FAVSTINA.SIBI.ET
CONSTANTIO.SVO
FECIT
A (Christus-Monogramm) Ω

M. F. J. Müller.

Zum Schlusse der Inschriftenfundberichte sei noch einer von J. M. Clotten herrührenden Zeichnung gedacht, über welche Hr. Domcapitular von Wilmowsky im „Jahresberichte der Gesellschaft für nützliche Forschungen zu Trier von 1855" S. 8 Note * Folgendes mittheilt:

„Die Originalzeichnung [der Ruine unseres Amphitheaters aus dem 13. Jahrhundert] wurde ehemals im Archiv des Klosters Himmerode bei jener Urkunde aufbewahrt, durch welche Erzbischof Johann I. im Jahre 1211 dem Kloster die Ruine zum Bau eines Landhofes geschenkt hatte (Hontheim Hist. Dipl. I p. 649). J. M. Clotten, ein eifriger Sammler vaterländischer Alterthümer und Freund des Klosters, copirte sie (Wyttenbach Geschichte von Trier I S. 79 und 91). Diese Copie ist 7" hoch und 10" breit und gegenwärtig Eigenthum der hiesigen Stadtbibliothek. Wyttenbach veröffentlichte sie in seiner Geschichte von Trier; Hr. Schmidt in seinen römischen Baudenkmalen".

[Chr. Wilh. Schmidt, Baudenkmale der römischen Periode, II. Heft. 8. 68, Tafel 5, v. Wilmowsky, L. c. Tafel II, Fig. 9.]

Aus dieser Zusammenstellung der ursprünglichen Fundberichte und anderweiter Mittheilungen ergibt sich als Gesammtzahl heidnischer und christlicher Inschriften, bei deren Veröffentlichung J. M. Clotten unmittelbar oder mittelbar betheiligt erscheint, ungefähr 42. Davon sind in Hüpsch's Epigrammatographie abgedruckt 12, nämlich die Nummern seiner Sectio IV, I pag. 46 sqq.: 1, 4, 9, 10, 18—23, 26 und 27 = X, XIII, VII, XXXV, VIII, I, V, II, III, VIIII, IIII, XI nach unserer Zählung. Wie man sofort sieht, sind darunter nur wenige von denen, welche Hr. Prof. Brambach, gestützt auf die Autorität des Alster-Manuscriptes, als von Clotten herrührend angegeben hat, nämlich die Nummern 1, 4 und 9 = C. J. Rh. spurii 56, 59 und 64, einmal weil Hr. Prof. Brambach die christlichen Inschriften nicht in das Corpus aufnahm und dann weil einige andere an einer andern Stelle der Rheinischen Inschriftensammlung untergebracht werden mussten. J. H. Wyttenbach hat von Clotten acht Stein-Inschriften erhalten, wenngleich sich aus seiner etwas verwirrten Darstellung nicht unzweifelhaft erkennen lässt, ob sie alle von Clotten aufgefunden oder nur abgezeichnet wurden. Einen offenbaren Irrthum aber begeht Wyttenbach, wenn er sagt, die von ihm mitgetheilten Inschriften seien noch nicht abgedruckt; denn aus Clotten's eignen Berichten geht klar hervor, dass einige derselben bereits lange vor 1809 bekannt gemacht worden waren. Woher diese Verwirrung stamme, scheint kaum zu ermitteln; vielleicht dass bei der eigenthümlichen Art des Erscheinens von Wyttenbach's trierischer Geschichte das Manuscript theilweise aus viel älterer Zeit herstammte, besonders das des ersten Bändchens. So nennt er z. B. die No. XV, XVII, XVIII, XVIIII im Jahre 1809 noch „ungedruckte", obgleich sie bereits 1802 im amtlichen Blatte des Saardepartements bekannt gemacht worden. Jene acht Inschriften stehen im C. I. Rh. (spurii) unter den Nummern 68—71 und 73—75 und 78. Von Urnen-Inschriften hat Wyttenbach 10 Nummern, darunter No. 83, 1—5 im C. I. Rh., welche Clotten an Wyttenbach in Abschrift und Zeichnung überlieferte. Zwei Inschriften unter No. 79 im C. I. Rh. sind von Wyttenbach (?) zuerst (1802? oder 1809?) veröffentlicht worden; er behauptet wenigstens, die Inschriften abschriftlich gerettet zu haben, da die Steine längst verschwunden gewesen. Allein schon 1802 war die eine gleich nach der Auffindung abgedruckt worden, wie der Fundbericht (für No. XXI) ausdrücklich sagt; die andere ist vermuthlich ein Bruchstück der Clotten'schen Calpalpius-Inschrift (Fundbericht vom 30. Fruktidor X) und der Stein ist nicht verloren, sondern befindet sich seit langen Jahren auf der Porta Nigra.

Von den Clotten'schen, nach der Behauptung der Hrn. Prof. Mommsen und Brambach unzweifelhaft gefälschten Inschriften haben aber *rier* ein eigenthümliches günstiges Geschick erlitten: sie stehen in der Reihe der echten Inschriften des CORPVS INSCRIPTIONVM RHENANARVM ED. GVIL. BRAMBACH — eine Thatsache, die nach den authentischen Fundberichten gar nicht angefochten werden kann, aber einen guten Maassstab für die von Hrn. Prof. Brambach bei Zusammenstellung des C. I. Rh. auf die trierischen Inschriften angewandten epigraphischen Kritik abgibt. Zwei dieser vier Inschriften sind sogar im Originale erhalten.

Von dem grossen italienischen Inschriftenfälscher Pyrrhus Ligorius glaubte noch Orelli, dass er wohl hie und da auch einmal eine echte Inschrift überliefert habe. Da sich aber von seinen unverhältnissmässig zahlreichen Abschriften auch in keinem einzigen Falle die Originale nachweisen liessen, so ging man nach Ritschl's Rathe viel sicherer und ohne zu befürchtenden Nachtheil für die Wissenschaft zu Werke, als man sich entschloss, den ganzen Ligorius mit sammt seiner Inschriftenfundgrube auf der *Via Appia* über Bord zu werfen. Dieses Verfahren, das bei einem so unverschämten Betrüger wie Ligorius sehr passend angebracht war, glaubte Hr. Prof. Brambach auch auf den Trierer Michael Clotten anwenden zu dürfen, den bescheidenen Rechtscandidaten, Oberamtssecretär und Friedensrichter, später Antiquarius in Echternach, einen Mann, der kaum verstand, was auf den Inschriften geschrieben war. Ihn hat Hr. Prof. Brambach, jedenfalls nach Hrn. Prof. Mommsen's Vorgang (von 1865), unter die Reihe der Falsarier gestellt, allerdings bedauernd, dass der gute Mann (von Spassvögeln vielleicht, wie Behringer und Jaumann) hinters Licht geführt worden sei. Allein die Gegner Clotten's haben ihre Kritik nicht auf die richtigen Quellen zurückzuführen vermocht: sie *müssen* zugestehen, dass wir von Clotten *echte* Inschriften überliefert erhalten haben, also die Grundlage des epigraphisch-kritischen Angriffes auf die Ehre eines längst verstorbenen Mannes heftig erschüttert ist. Wir wollen zur Ehre der Hrn. Prof. Mommsen und Brambach annehmen, dass sie von dem Verhältnisse, in welchem Clotten zu den gleich zu besprechenden *echten* Inschriften steht, nichts erwähnen, *weil* sie es *nicht* kannten — das „Trierische Wochenblättgen" und „der Trierische Ankündiger für das Saardepartement" sind nicht eben leicht zugängliche Quellen für epigraphische Studien, Schmitt's „Kirche des heiligen Paulinus" und J. H. Wyttenbach's Geschichte von Trier hat aber Hr. Prof. Brambach benutzt oder wenigstens benutzen lassen.

Die erste der echten Clotten'schen Inschriften ist die No. 768 im C. I. Rh., 1783 bei
St. Mergen (Sta. Maria ad Martyres unterhalb Trier) durch den Pflug ausgefahren und mit
Clotten's Namensunterschrift im Jahre X der Republik veröffentlicht. Hr. Prof. Brambach
citirt als Quelle: Schmitt, Paulin, p. 442. Letzterer theilt von dieser und noch zweien anderen
Inschriften daselbst Fundberichte mit und sagt am Schlusse wörtlich: „Die Artikel rührten
von dem vaterländischen Geschichtsforscher Clotten her". Die Inschrift selbst scheint also
Hrn. Prof. Brambach, trotz des Namens „Clotten", gar nichts Verdächtiges an sich getragen
zu haben und dennoch kann man sie, wenn man will, als ein ganz gewöhnliches Falsificat
nachweisen. Sie ist nämlich sammt der von Clotten vorgeschlagenen Ergänzung aus Brouwer's
Ant. et Ann. I 55 = Hontheim Prodr. 199, 2 = C. I. Rh. 714 herausgearbeitet; letztere lautet:

MATERNIVS.MARI
NVS.SIBI.ET.CENSO
RINIAE.FAVSTINAE.CO
NIVGI.DEFVNCTAE

Der Abdruck bei Steiner 1992 (den das C. I. Rh. nicht anführt) nach Wiltheim, S. 176,
Fig. 128 und Hontheim l. c. ist fehlerhaft, namentlich fehlt die Zeile 4, was im C. I. Rh.
gar nicht erwähnt ist. Clotten's Inschrift mit seinen Ausfüllungen lautet:

DEO.MERCVRIO
*mater*NVS.PRO.SAL*ute*
*fausti*NAE.*fi*LIAE
V.S.I.L.M.

Die Eigennamen stimmen für einen Fälscher genau genug; denn dass der Vater hier
MATERNVS, dort MATERNIVS der Ehemann heisst, verschlägt nichts, weil der
Falsarius den schlechten Abdruck bei Hontheim l. c. vor sich hatte, den auch Steiner wörtlich nachschrieb, ohne auf die richtigern und vollständigern Lesarten Brouwer's zurückzugehen (was Hr. Prof. Brambach that). Die Formel PRO SALVTE ist dem angeblichen
Fälscher Clotten sehr geläufig, wir begegnen ihr mehrmal, so in No. XVIII und XXV,
für einen misstrauischen Epigraphiker schon oft genug. Wer aber Clotten, nicht nach
Hrn. Prof. Brambach's milderer Ansicht für einen harmlosen (weil selbst betrogenen) Fälscher,
sondern für einen recht verschlagenen Betrüger halten will, kann in jener Lesung und Ergänzung der Inschrift C. I. Rh. 768, deren Original ja längst verschwunden sein muss, nur
ein schlaues Versteckenspiel finden, womit der Fälscher seine Schuldlosigkeit offenbaren
will. Der Stein soll nämlich eigentlich so gelesen werden:

DEO.MERCVRIO
SECVNDINVS.PRO.SALVTE
HELENAE.FILIAE
V.S.L.L.M.

aber der Mann thut bloss so, als ob er das nicht ahnte, und schlägt darum eine Lesung vor,
die vollständig irre führen soll — denn aus Bescheidenheit will er einem andern die Ehre
zukommen lassen, seine Ergänzung zu verwerfen und durch eine neue, viel passendere die
heilige Helena als die Tochter eines heidnischen Vaters aus dem „berühmten" Geschlechte

— 45 —

der Secundiner und auch am Ende als eine Eingeborne von Trier, nicht von Igel oder Euren, inschriftlich nachzuweisen. — Wohin würden wir gerathen, wenn wir alle uns aus irgend einem beliebigen Grunde unbequemen Inschriften mit solchen Argumenten bekämpfen wollten? Die zweite *echte* Clotten'sche Inschrift ist die No. 773 des C. I. Rh. Ihr Original steht auf dem Museum der Porta Nigra in Trier und wurde für Hrn. Prof. Brambach von Hrn. Brusskern abgeschrieben. Der Stein wurde am 26. Fructidor Jahres X ausgegraben und in einer Mauer in der Nähe des Fundortes (Herrenbrünnchen) angebracht. Die Inschrift veröffentlichte Clotten vier Tage später und ihm erwächst nach 63 Jahren die Genugthuung, die Buchstaben der Inschrift genau so gelesen zu haben, wie das C. I. Rh. sie wiedergibt — besser also als Hr. de Florencourt — wenn er auch mit seinem „Römer oder Gallier CAL-PALPIVS LIBERTVS" gerade nicht eine gründliche Kenntniss der römischen Familien-rechtsverhältnisse oder eine geübte Divinationsgabe bekundete. Michael Clotten war „Hörer der Rechten" in Trier und unter der französischen Republik Friedensrichter in Wadern.

Auch die *Inscriptionum latinarum amplissima collectio* von Orelli hat unter No. 4176 eine *echte* Clotten'sche Inschrift. Sie ist unfern der Kirche des hl. Paulinus bei Trier im Jahre 1785 entdeckt und von dem *unium emeritus et antiquarius Treverensis* J. M. Clotten auf Neujahrstag 1786 bekannt gegeben worden, No. XI unserer Zählung = C. I. Rh. 827. Mag nun Orelli's Autorität oder von Hüpsch's Versicherung, dass er die Inschrift im Originale in seinem Museum besitze, für den Herausgeber des C. I. Rh. bestimmend gewesen sein — genug, die Inschrift steht unter der Reihe der echten. Ob sie bei einer etwaigen neuen Durchmusterung des C. I. Rh. oder in dem baldigst erscheinenden Corpus Inscript. Latin. noch darunter stehen wird, wer kann das sagen?

Die Gefahr, welche die eben besprochene Nummer 827, wie auch gewiss 768 des C. I. Rh. bedroht, wird aber ganz sicher von der No. 828 des C. I. Rh. fern bleiben: es ist eine alabasterne Urne des darmstädter Museums, von Clotten abgezeichnet und vom Baron von Hüpsch l. c. IV unter No. 10 veröffentlicht. Hr. Prof. Brambach hat sie in Darm-stadt selbst gesehen, gegen ihre Echtheit und die Unverfälschtheit ihrer Aufschrift kann also wohl kein Zweifel aufkommen. Letztere lautet so: D.   M.
FVLVIAE.ET
GALBAE.TIT
VS.POSVIT

Nach Steiner's Angabe, unter No. 1935, befand sich in der Sammlung des Hrn. Hof-rath's Dorow „ein Alabasterstein in Gestalt einer Urne" mit folgender Aufschrift:

D   E   O
MERCVRIO
GALBA
EX.VOTO
POSVIT

Nach dem von uns veröffentlichten Fundberichte stammt diese Inschrift aus Alttrier, unter welcher Rubrik sie auch bei Steiner — nach Dorow's „Opferstätte" II 49 — steht und der echternacher Antiquarius Clotten ist auch dieser Urne keinenfalls ganz fremd. Ich

6

— 46 —

habe für meine Person die feste Ueberzeugung, dass Clotten die Urne sammt Inschrift abgezeichnet und auch das Original an Dorow verkauft hat. Und auffallend: beide Urnen sind von demselben kostbaren Material, auf beiden erscheint derselbe Name GALBA. Wer ist jener „Wanderer" GALBA, der, wie wir gehört, zu Trier das wunderbare Bild des DEVS MERCVRIVS gesehen haben will, und wer ist dieser GALBA, der dem DEVS MERCVRIVS eine alabasterne EX-VOTO-Urne widmet? Haben wir hier die Spur des Fälschers gefunden? Es scheint fast so. Wäre ich „Epigraphiker vom Fach", so würde ich sagen: unbedingt liegt hier eine raffinirte Fälschung vor; das darmstädter Museum und Hofrath Dorow sind mit ihren alabasternen Urnen betrogen worden. Die Namen GALBA und FVLVIA kommen auf keiner zweiten Inschrift im ganzen Gebiete des C. I. Rh. vor — warum nun gerade zu Trier und Alttrier, Orte, an denen der Fälscher Clotten nachweislich sich aufgehalten hat? Was folgt aus dieser unserer Argumentation? Nach Hrn. Prof. Brambach's Behauptung, Clotten's Inschriften verriethen sich von selbst als gefälschte, hat Clotten nicht bloss Inschriften auf gewöhnlichen Steinen gefälscht, sondern selbst alabasterne Urnen mit seltsamen Inschriften versehen, aber so geschickt, dass sogar Hr. Prof. Brambach getäuscht wurde. Das muss doch ein verschlagener Fälscher gewesen sein, der, nicht zufrieden, einfache *schedae* zu concipiren, auch Steininschriften *in natura* macht — C. I. Rh. 773 — was allerdings verhältnissmässig leicht war, und der sogar Alabaster verwandte, um seine epigraphischen Fabricate bestens zu verwerthen. Wir erkennen also — nun auf die Ansicht der Hrn. Prof. Mommsen und Brambach einzugehen — bei Clotten ein ganz entschieden regelrechtes Fortschreiten vom Leichten zum Schwerern: erst copirt er echte Inschriften (die Igeler), um die nöthige Uebung im Nachahmen der antiken Schriftzüge zu erlangen, sodann verfertigt er kleinere Inschriften in Sandstein und Marmor, gibt den Steinen aber auch mitunter ungewöhnliche Formen — so ein Säulencapitäl, No. XX = C. I. Rh. 773 — und entwirft nebenbei, da er bereits einen ziemlichen Ruf als Antiquar erlangt hat, auch blosse *schedae*, weil er überzeugt ist, man werde sie ihm auf Treu und Glauben abnehmen, verschenkt dieselben an den unkritischen Appellationsgerichtsrath Müller, der sie dann 54 Jahre in sein Pult einsperrt und am Ende nur mehr einige ihm selbst verdächtige Reste findet, und an den nicht minder leichtgläubigen jungen Wyttenbach, der sie 23 Jahre nachher als *unbekannte* drucken lässt; seine Steine verhandelt Clotten an den Baron von Hüpsch, den Hofrath Dorow und andere Alterthümler. So in seiner Thätigkeit sicher gemacht, steigt er auf einmal zu Urnen auf, anfangs natürlich bloss thönerne, zuletzt aber auch alabasterne. Alabaster lässt sich bekanntlich sehr leicht verarbeiten, man sagt, er sei auf der Bank abdrehbar wie Holz und vertiefte Zeichnungen liessen sich leicht auf demselben anbringen — alles sehr verlockende Umstände, und es gelingt Clotten, selbst noch heute anerkannt tüchtige Epigraphiker mit seinen Fabricaten zu täuschen — cfr. No. 828 des C. I. Rh. = No. XXXV unserer Zählung. Sein Beispiel wirkte: die jüngere Generation in Trier ist bezüglich des Materials einen guten Schritt weiter gegangen: sie hat Inschriften auf den antiken Cement der römischen Mauerwerke aufgepinselt — eine bisher unerhörte Thatsache[1])!

---

[1]) „Huiusmodi inscriptiones", sagt Hr. Prof. Brambach von den Nenniger Stucco-Inschriften, C. I. Rh. p. XXXIII, „a Romanis murorum caemento mandari *non solitas*". Wenn es aber nun doch einmal geschehen wäre und zwar zu Nennig? Warum nicht gleich entschieden: „nec unquam nec usquam mandatas esse"?

Um aber dies bewerkstelligen zu können, haben die Trierer die noch nicht wieder aufgefundene Kunst der enkaustischen Malerei neu entdecken müssen und danach in Nennig auf dem Mauerverputz gearbeitet. Nach Hrn. Prof. Hofmann's Behauptung in der Sitzung der berliner Akademie der Wissenschaften vom 30. Januar d. J. sind die Nenniger Stucc-Inschriften allerdings nicht „aufgepinselt", sondern „aufgeätzt". Die rothe Grundfarbe des Stuccs ist „durch eine der vielen chemischen Substanzen, welche Roth in Schwarz verwandeln, bearbeitet worden und zwar vermittels einer Schablone"[1]). Das Wie wäre somit erklärt, aber noch lange nicht das Wann. Für letzteres bleibt kein Raum. Das weisen die amtlichen Fundberichte aus. — Aber einen ganz entschiedenen Rückschritt hat man in Nennig doch gethan. Während nämlich Clotten, im Geiste ahnend, dass einst die Schriftzüge als Beweismittel der Echtheit oder Unechtheit der Inschriften würden geltend gemacht werden, seine Schriftzüge den antiken so getreu nachbildete, dass er heute noch als Muster dasteht, haben die neuesten Fälscher in Trier vergessen, Rücksicht auf die Buchstabenform zu nehmen. „Fast jeder Buchstabe der Nenniger Steininschrift verräth die in allerneuester Zeit versuchte Fälschung", sagte Hr. Prof. Mommsen[2]) und Hr. Prof. Hübner stimmt bei[3]).

---

[1]) Monatsberichte der Königl Preuss. Akademie der Wissenschaften, Januar 1867, S. 62.

[2]) Nationalzeitung No. 20, 1867.

[3]) Monatsberichte, l. c. S. 65. Um einen Begriff davon zu geben, wie „bedeutend" die Unterschiede der Nenniger Buchstaben und der angeblich echtrömischen sind, führen wir aus der Besprechung des Hrn. Prof. Hübner einiges Wenige an und erlauben uns ein paar Bemerkungen. Der Akademie der Wissenschaften lag eine Photographie der Inschrift des Bogens auf der Brücke von Alcantara in Spanien aus der Zeit Traian's und ein von Hrn. Prof. Hübner selbst angefertigter Papierabdruck einer Inschrift des Kaisers Probus aus Italica in Spanien vor. Mit den Schriftzügen dieser „spanischen" Inschriften verglich nun Hr. Prof. Hübner die Nenniger. Der erste der besprochenen Buchstaben ist A. „Die Unterschiede der drei A lassen sich schwer in Worte fassen; es genüge, dafür auf die Anschauung zu verweisen." So gering also sind die Unterschiede der drei A, dass es selbst dem sprachgewandten Hrn. Prof. Hübner schwer wird, sie in Worte zu fassen! Und er will daher auf die Anschauung verweisen. Alles Erkennbare lässt sich in Worte fassen. Das älteste A des hellenisch-italischen Alphabets ist ein fast rechter Winkel mit dem Scheitel aufwärts, auf dessen längerem rechten Schenkel in der Mitte eine mit dem linken Schenkel parallele gerade Linie ansetzt und gewöhnlich bis zur Grundlinie des Dreiecks, das jener Winkel durch Hinzufügen einer dritten Geraden bilden könnte, fortläuft; C. I. Rh. 347. Dieses A zeigen einige Steinmetzzeichen der Porta Nigra, nur dass der Winkel spitzer, die Mittellinie kürzer ist, bei andern sich ganz loslöst und als selbständiger Einzelstrich senkrecht durch das A hindurchgeht, auch manchmal den linken Schenkel trifft, also drei verschiedene A an demselben Bauwerke, das, wohlgemerkt, nach der Behauptung des Hrn. Prof. Hübner aus der Zeit der Flavier und Traian's stammt. Das angeblich traianische A bildet einen Winkel von 45°, dessen Schenkel fast in der Mitte durch einen Querriegel verbunden sind. Das A des Probus ist ein Winkel von 35°; der Querriegel, auf der Mitte des linken Schenkels ansetzend, steigt nach rechts in die Höhe. Das Nenniger A ist ein noch engerer Winkel, der Querriegel wie im traianischen A. Das sind die Unterschiede der drei A. Ueber M hat Hr. Dr. Hassenmüller l. c. S. 24 fig. schon das Nöthige beigebracht. „Die beiden äussern Schenkel des M", sagt Hr. Prof. Hübner, „sind in der älteren Schrift ausnahmslos in einem Winkel gegen einander geneigt; in ganz vereinzelten Beispielen aus dem Ende des ersten Jahrhunderts findet sich zuerst, dass sie sich, um der Raumersparniss willen, der perpendiculären Stellung nähern, ... niemals aber ist es vorgekommen, dass die in einer Spitze zusammentreffenden beiden Mittelstriche des M schon auf der halben Höhe des Buchstabens sich begegnen, sondern überall reicht die Spitze bis auf die untere Linie der Zeile. Dieser Umstand allein genügt, eine jede Inschrift, in der ein solches fehlerhaftes M vorkommt, für unzweifelhaft modern zu erklären". Die Inschrift des C. I. Rh. 759, auf der Porta Nigra befindlich, hat ein M mit parallelen äussern Schenkeln, und der mittlere Winkel steigt nicht bis zum untern Rande der Zeile herab, sondern bleibt in etwa drei Viertel der Höhe, während ein anderes dem traianischen M ähnelt. Eine andere Inschrift aus der Porta Nigra, Steiner 1770, offenbar frühchristlichen Ursprunges, hat genau das Nenniger M. Aus diesen beiden Beispielen, denen wir einen Vergleich zwischen der Inschrift C. I. Rh. 853 aus

In dieser Auseinandersetzung, bei welcher uns die Erklärungen der Hrn. Prof. Mommsen und Brambach als Vorlage dienten, liegt Methode, geschichtliche Pragmatik. Die Thatsachen entwickeln sich bestens und mit Nothwendigkeit aus einander — aber das ganze Gebäude stürzt sofort in Trümmer, weil es einen geschichtlichen Zusammenhang zwischen Ereignissen als Grundlage fordert, die sich unabhängig von einander gestalteten. Hier sehen wir die verderblichen Folgen des Grundsatzes: *post hoc, ergo propter hoc* — der auch in der Geschichtschreibung manches Unheil angerichtet.

Eine *fünfte echte* Clotten'sche Inschrift, eine von den 13, welche nach Hrn. Prof. Brambach's Ansicht „*suapte natura originem adulterinam testantur*", ist No. XIII, abgedruckt bei Orelli 1405. Orelli's Autorität als Epigraphiker ist für uns gross und gewichtig genug, um zu behaupten, dass die „*origo adulterina*" dieser Inschrift doch nicht so leicht zu erkennen war. Orelli weiss sonst wohl mit vielem Geschick und Vorsicht unechte von echten lapides zu unterscheiden; dass er an dem MERCVRIO.TREVIRORVM.CONSERVATORI keinen Anstoss nahm, spricht sehr für die Echtheit der Inschrift. Sogar Henzen im Index zu Orelli findet bei dem so schlecht beglaubigten *Treriri* für *Treveri* kein Bedenken und Hr. Prof. Mommsen, der Mitarbeiter Henzen's, eben so wenig.

Zu den eben besprochenen fünf *echten* Clotten'schen Inschriften, von denen Hr. Prof. Brambach selbst *vier* als *echt* anerkannt, gewinnen wir noch eine *sechste:* es ist unsere No. XII. Bezüglich ihrer ergibt sich aus dem Fundberichte, dass der betreffende Votivstein als Thürstein an der Gartenmauer eines Hauses bei St. Paulin sich befand, welches zuletzt (1802) von dem Bürger Lelièvre, Domainen-Director der Republik, bewohnt wurde. Schon vor Clotten hatte ein Gelehrter sie abgeschrieben und veröffentlicht. Bei der Revision, welche Clotten auf dem Originale vornahm, zeigte es sich, dass jener (französische?) Gelehrte die mittlere, freilich halb unleserliche Zeile ausgelassen hatte und das Ganze folgender Maassen lautete:
IN.H.D.D.DEO.MERCVRIO
//// E L V ////////// G R A T A //////
V O T V M . S O L V I T

„id est", sagt Clotten, „in honorem domus divinae Deo Mercurio Helvius grata mente votum solvit" [1]). Daran knüpft er sofort eine Zusammenstellung anderer Mercurius-Inschriften aus dem trierischen Lande, unter ihnen die No. 768 des C. I. Rh., sowie das Versprechen, dem-

dem Jahre 124 nach Chr. mit Schriftzügen aus der Zeit des Probus (276—282 n. Chr.) und der neumagener Inschrift, ib. 860, die ganz sicher aus sehr früher Zeit stammt, ferner die M der Inschriften C. I. Rh. 795 und 833 (beide in der ersten Zeile) mit parallelen Aussenschenkeln ohne Rücksicht auf den Raum — die Buchstaben D. M stehen über vier Zoll aus einander — die E F A (mit und ohne Querriegel) in 833, welche den Facsimiles des Hrn. Prof. Hübner nicht gleichen, hinzufügen könnten, ergibt sich zur Genüge, wie sicher Argumentationen aus den Schriftzügen sein werden, wenn sie auf solchen Voraussetzungen beruhen, wie Hr. Prof. Hübner sie macht; wie z. B. dass man „der Raumersparniss wegen" principielle Veränderungen an den Buchstabenformen vorgenommen habe und dass Aenderungen gerade „am Ende des ersten Jahrhunderts" erscheinen, in welche Zeit die Neuniger Inschrift gehört. Dass die Neuniger Buchstaben aber modern sein, ihren Ursprung also in den letzten Jahren haben sollen, ist eine ganz unmögliche Behauptung, wie sich jeder durch einen Einblick in die Schriftproben der letzten drei bis vier Decennien überzeugen kann. Ein G C M P R S, wie zu Neunig, würde kein Steinmetze heute mehr hauen und würde er dazu engagirt, so wären es und sein Auftraggeber doch so vorsichtig, sich über die richtige Form der Buchstaben zu informiren, was in Trier gar nicht schwierig sein kann, wie Hr. Prof. Hübner wohl weiss.

[1]) Dieselbe Eingangsformel C. I. Rh. 818 b, 863, 916, 931, 1284, 1669, 1711, 1724.

nächst eine „Epigrammatographia sive collectio inscriptionum Trev. antiquioris aevi" erscheinen zu lassen — ein Unternehmen, das nicht zu Stande kam, das uns aber jedenfalls mehr Inschriften geliefert haben würde, als wir deren jetzt im trierischen Gebiete kennen — abgesehen von dem Streite über die Echtheit oder Unechtheit derselben. Clotten's Artikel ist datirt vom 10. Fructidor Jahres X = 28. August 1802; Hüpsch's Epigrammatographie erschien schon 1801, enthält also sicher nicht alle trierischen Inschriften, die Clotten gesammelt haben soll. Ueber die von ihm versuchte Ergänzung der zweiten Zeile obiger Inschrift sei noch bemerkt, dass der Name HELVIVS im C. I. Rh. 1119 (aus Mainz[1]) und in seinen aus demselben Stamme entsprossenen Formen HELVII (Völkername, bei Cäsar B. G. VII 8, 64, in Languedoc), HELVETII (Caes. ib.), HELVIDIVS (Tacit. Ann. XII 49 u. ö.[2]) zwar mit anlautendem H erscheint, dem Keltischen aber jener Hauch ursprünglich fremd und erst von den Römern eingeschleppt wurde[3]; daher die Schreibung HAEDVI statt AEDVI, HERCYNIA statt ERCYNIA, wenngleich auch im Lateinischen selbst das H eine ziemlich unsichere Stellung als Anlaut einnimmt. Aus diesem sprachlichen Grunde ist die Schreibung ELVETIVS bei Steiner 466 = C. I. Rh. 1227 (aus Mainz), ELVIVS Gruter 728, 9; ELVIA 672, 7; 87, 11. ELVORIX ib. 12, 10 = Steiner 1862. ELVVS ib. 1867 (aus Metz), ELVIORIX, ELVIOMARVS u. ä. die richtigere, wenn auch nicht die allein diplomatisch beglaubigte[4]. Auch die trierische Inschrift im C. I. Rh. 825 bietet in einer Reihe interessanter keltischer Namen einen ELVIVS ATTIVS, der nicht zu HELVIVS ergänzt werden kann, weil die ober- und unterhalb stehenden Namen vollständig an derselben scharf abgegrenzten Kante des Steines beginnen und nur die entsprechenden Buchstaben der Pränomina fehlen, mit Ausnahme von Zeile 10; hier geht dem IVLIVS noch ein X vorher, welches desswegen zu SEX. zu ergänzen ist; das ist auch die Meinung des Hrn. Prof. Brambach[5]). — Mit der andern Ergänzung Clotten's können wir zufrieden sein. — Die Inschrift war, wie No. XX und XIIII, längst verschollen.

Als siebente und achte echte Clotten'sche Inschrift betrachten wir die beiden alttrierer Steine No. XXXVIII und XXXVIIII = Steiner 1937 und 1938. Die in der „Trierischen Kronik" veröffentlichten Abschriften rühren offenbar von Clotten her, ebenso wie die oben besprochene alttrierer Urne des Hofraths Dorow, die wir als neunte echte Clotten'sche Inschrift ansprechen. Jene beiden Steine sind nach der Mittheilung des Professors Engling aus Luxemburg (Steiner l. c.) in Alttrier noch vorhanden gewesen, als er an Ort und Stelle die Inschriften für Steiner's Codex Inscript. roman. Rheni verglich; dieses Werk erschien 1837. Gegen die christlichen Inschriften No. I—IIII, VI (?), VIII, VIIII, XXXXII, wozu von den Urnen auch einige gehören, würde selbst Hr. Prof. Brambach wenig einzuwenden haben, wenn sie nicht mittelbar oder unmittelbar von Clotten herrührten. Einzig Bedenken erregte ihm wohl nur die No. XXXII, die mit ihren Namen FAVSTINA und CONSTANTIVS allzu sehr an bekannte römische Kaisernamen erinnert. Der Inschriften christlichen

---

[1]) Cfr. Gruter 127, 240, 241 (Rom).
[2]) Cfr. Gruter 250 (Rom), 417, 4. HELVICIVS 1178, 1. HELVORIX ib. 541, 5 (Metz).
[3]) Zeuss, Gramm. Celtica 56 sq., 50, 139; Ch. W. Glück, die keltischen Namen bei Cäsar, S. 9.
[4]) HELVETIVS, Steiner 597 = C. I. Rh. 890; 2523, 2237. C. I. Rh. 1639, 1640. HIBERI ib. 494.
[5]) C. I. Rh. p. 371, Sp. 4 des Index. SEX. = Sextus im C. I. Rh. 316, 416, 542, 609, 651, 1200, 1211, 1568, 1772, 2015.

Ursprunges, welche aus der Umgegend von Trier aufgesammelt wurden, gibt es eine solche Menge, dass man beim besten Willen nicht verstehen kann, wozu Jemand sich die Mühe nehmen sollte, beliebige christliche Denksteine zu fälschen. Zudem ist das Material der weitaus zahlreichern Inschriften christlicher Gräber weisser Marmor, den ein Falsarius, da er doch mit möglichst wenigen Selbstkosten arbeiten muss, nicht so leicht verwenden wird. Von den bei Schmitt[1]) abgedruckten Pauliner Inschriften, unter welchen nur die No. 1—5, 16 und 27 und zwei andere, unter No. 26 eingeschaltete (unsere No. XVI und XVII) heidnischen Ursprunges sind, befinden sich 14 auf weissen Marmor eingehauene, No. 8—13, 18—20, 22, 28—31, auf blauen No. 23, auf verde antico No. 34. Von den Clotten'schen Inschriften sind die christlichen No. I auf Alabaster, No. II—IIII, VI, VIIII auf Marmor, die heidnische No. VII ebenfalls, No. XXXVI auf Travertin; bei No. VIII, XII—XXXIIII, XXXVII—XLII ist kein Stoff angegeben, den wir aber für No. XXXVII (die alttrierer Vase) anders woher schon kennen; die trierische Urne No. XXXV = C. I. Rh. 828 ist gleichfalls von Alabaster.

Ferner ist die Frage, ob bei den Ausgrabungen in und um Trier so grosse Stücke antiken Marmors in Plattenform vorkamen, dass Clotten nachträglich noch eine Inschrift darauf anbringen konnte, ohne die Gefahr der Entdeckung fürchten zu müssen, nicht zu umgehen. Welchen erkennbaren Zweck — wenn nicht pecuniären Gewinn — konnte Clotten bei seiner angeblichen Inschriftenverfertigung gehabt haben, wenn er blosse *schedae* fälschen wollte? An dergleichen Dingen ist doch wahrhaftig auch heute noch nicht Geld oder wissenschaftlicher Ruhm zu verdienen! Wenn die christlichen Inschriften, die Clotten besass oder abdrucken liess, etwa zu Gunsten der Pauliner Martertage sprächen — allerdings, dann wäre ein Zweck, die sprüchwörtliche „pia fraus", sehr leicht denkbar. Allein davon keine Spur: wir hören keinen von den Namen, die auf der Pauliner Bleitafel *) standen oder auf der Liste der ältesten trierischen Bischöfe — ein Zweck der Fälschung ist nicht zu finden.

Wenn wir bezüglich der eben besprochenen vier echten Clotten'schen Inschriften aus dem C. I. Rh. dem Hrn. Herausgeber desselben mit Recht Flüchtigkeit des Quellenstudiums, für die berühmte Igeler Inschrift sogar unverantwortlichen Leichtsinn vorwerfen dürfen, so wollen wir, ehe wir weiter gehen, noch einige uns nahe liegende Beispiele dieser Art vorbringen. Es sind dies die Kardener Inschriften im C. I. Rh. 711—715. Die No. 711 gehört nach Brouwer's ausdrücklichem Zeugniss nach Karden *) und enthält den Namen VETTIA ATTICINA. Einige Seiten weiterhin führt Brouwer seine Leser in die Horti Mansfeldici nach Luxemburg und theilt aus dem ungeheuern Antiquitätenschatze des Schlosses des Grafen P. Ernst Mansfeld einige Inschriftenproben mit, deren Originale aus dem Trierischen dorthin gekommen seien — e solo Treverico istuc advectas — und sagt: „inde (sc. ex

¹) Paulin, S. 428—445 No. 1—34.
*) Hontheim, Prodr. p. 93 und 119; Hist. Trev. Dipl. I 221; Gesta Trev. c. XLII. Acta SS. Mart. III p. 111. Schmitt, Paulin 350. Bleitafeln kommen als untergeschobene urkundliche Beweismittel mehrfach vor; cfr. Wattenbach L. c. S. 538. Nach Schmitt l. c. 348 hat Clotten die trierische Martersage bearbeitet, 1816. Warum hat nun der „Fälscher" keine Inschriften zu diesem Zwecke gemacht? Bei seiner angeblichen Fälschungssucht müsste es ihm doch ein Leichtes gewesen sein, ein paar Dutzend Leichensteine für die „sancti innumerabiles" aus der Passio herzustellen und so mit einem Male allem Streite um die Geschichtlichkeit des Rictiovar, der thebäischen und trierischen Martyrer Thyrsus, Palmatius, Hormisda, Constantius etc. ein Ende zu machen.
³) Browori Ant. et Ann. I 50.

inscriptionibus Trevericis ibi asservatis) *Atticinorum memoriae conservandae facit, quam et Caraduni monstravimus*" (nämlich auf der Kardener Inschrift C. I. Rh. 711) und es folgt sodann die Abschrift der No. 715; Brouwer führt fort: „*eiusdem generis* (nämlich Grabinschriften, die aus dem Trierischen nach Luxemburg geschleppt wurden) *haec duo sunt*", es folgen die No. 712 und 714. Aus den Worten Brouwer's, die weiter nichts sagen können, als dass ein luxemburger (trierischer) Stein *auch* das Andenken an die Atticiner aufbewahrt habe, von denen ein Stein aus Karden schon früher (I 50) gesprochen, und dass er noch zwei ähnliche Steine von gleichem Schicksale abdrucken [wolle, hat Hr. Prof. Brambach, weil er das *quam* und den Inhalt und die Geschichte der Inschriftsteine selbst nicht weiter beachtete, sich den Fundort „*Caraduni*" erschlossen, der für keinen der drei Steine 712, 714 und 715 feststeht. Folgerichtig hätte Hr. Prof. Brambach wohl auch die Inschrift Steiner 1914, die bei Brouwer an erster Stelle steht, nach Karden versetzen müssen. Denselben Fehler haben für die No. 715 Wiltheim (Lux. Rom. 105) und Hontheim Prodr. 202, 1 begangen, jener, indem er sagt: „Caraduni inventum", und dieser: „Caraduni inventum exscripsit Browerus pag. 55, Luxemburgum in Mansfeldenses hortos illatum viderunt Al. Wilthemius .... et Bertholet". Brouwer hat den Stein zu Luxemburg selber gesehen und abgezeichnet, sagt aber von seinem Fundorte keine Silbe. Von den No. 712 und 714 bemerkt Hontheim l. c. 196, 4 und 199, 2 ebenfalls nichts über den Fundort; die No. 712 verlegt auch Wiltheim nach Karden; allein er sowohl wie seine Nachfolger haben sich durch Brouwer irre führen lassen. Bei der No. 712 hat Hr. Prof. Brambach den Druckfehler „*Binsfeldicis*" nachgeschrieben, der aus Broweri Ant. et Ann. I 54 in „*Mansfeldicis*" zu verbessern ist. Möglich bleibt es immerhin, dass der Stein sich zu Wiltheim's Zeiten in den Binsfeldischen Gärten befand; allein Hr. Prof. Brambach wird dadurch nicht entschuldigt; wenigstens hätte er die abweichende Angabe Brouwer's anführen müssen.

Von den 42 in den Fundberichten zusammengestellten Clotten'schen Inschriften haben wir bis jetzt *neun* heidnische als unbezweifelbar echte erkannt; dazu kommen *acht* christliche und *neun* Urneninschriften heidnischen und christlichen Ursprunges, macht also bereits 26 Inschriften, gegen welche sich kein durchschlagendes Bedenken wird geltend machen lassen. Ueber die No. XIII = Orelli 1405 werden wir später noch einiges zu bemerken haben.

Was nun die noch übrigen Clotten'schen Inschriften und die unter der Rubrik *Trier C. Diversorum lapides spurii* untergebrachten angeblichen Falsificate anlangt, nämlich die No. des C. I. Rh. Append. spurii 57—58, 60—63, 75—82, 84—85, die Urnen No. 83, 1—5[1]), so kann ich über deren Ursprung nichts sagen, so weit es nicht bereits im Vorhergehenden geschehen ist. Einige stammen allerdings aus ganz unverdächtigen Quellen, so sind die Worte MARTI.VICT unter No. 79, meiner Ueberzeugung nach, nur Bruchstück der

---

[1]) Gerade diese Urnen erschweren die Beurtheilung des kritischen Verfahrens, das Hr. Prof. Brambach bei der Bearbeitung der trierischen Inschriften anwandte, ganz ungemein: man weiss nicht, ob er absichtlich oder unabsichtlich die Thatsache verschweigt, dass C. I. Rh. 828 von Clotten herrührt. Er citirt Wyttenbach's Geschichte von Trier und daraus ergibt sich, dass Clotten die angeblich „falschen" Inschriften, sp. 83, 1—5, sowohl wie die „echte" C. I. Rh. 828 abzeichnete und an Wyttenbach übergab. Trotz dieses klaren Zusammenhanges sagt Hr. Prof. Brambach l. c.: Wyttenbach O. I 109 fontem *non* indicans, unde sumpserit. Siehe Wyttenbach's Worte oben S. 40. Clotten's nie erschienenes Werk *Epigrammatographia* ist die *Quelle* aller dieser Inschriften, oder soll *fons* nur eine gedruckte Quelle bedeuten?

echten Inschrift No. XX = C. I. Rh. 773; denn der Originalfundbericht für die No. 79 hat nur die Worte MARTI.ET.IVLIO.OPTIMO, spricht aber freilich von zwei Säulen, die daselbst (in der Nähe des Amphitheaters) gefunden [worden und dem Kriegsgotte Mars geweiht gewesen. Wäre MARTI.VICT. eine selbständige Inschrift, so wäre No. 773 allerdings die zweite; aber jene Worte sind in keinem ältern Fundberichte, als Wyttenbach's Geschichte (von 1849) zu finden¹). Mit dem spurius 85 ist Hrn. Prof. Brambach nochmals das leidige Versehen begegnet, eine Gruter'sche Inschrift als in Trier gegen 1810 gefälscht hinzustellen: es ist No. 9 auf pag. 111 bei Gruter, abgedruckt in „Hetzrodt's Nachrichten über die alten Trierer", S. 69 mit der ausdrücklichen Angabe in der Note, dass die Inschrift aus Gruter l. c. entnommen sei. Gruter bemerkt dazu: „*Zelonotae* apud Dn. Balth. Bathyan regni Ungariae archidapiferum, ex Clusii schedis". Inschriften *ex schedis* sind nun freilich immer etwas verdächtig, aber der Herausgeber des C. I. Rh. hat eine bedeutende Anzahl dergleichen ohne Furcht vor etwaiger Fälschung aufgenommen. Und wenn Gruter 111, 9 wirklich gefälscht gewesen, hat es denn Hetzrodt oder haben es die Trierer überhaupt zu verantworten, wenn jener Clusius Gruter und seine Mitarbeiter betrogen hätte. *Carolus Clusius* ist wahrscheinlich *Charles de l'Ecluse*, berühmter Arzt, geboren 19. Februar 1526 zu Arras; er machte grosse Reisen, wurde 1593 Professor zu Leiden, wo auch der 1560 geborne Gruter studirte; 1601 erschien der „Thesaurus". Sollte Clusius ein Interesse daran gehabt haben, für Trier eine Inschrift zu fälschen? Von Clusius ist auch die lyoner Inschrift Gruter 33, 11 copirt: DEO.INVICTO.MITHR. ‖ SECVNDINVS ‖ DAT. ‖, die Nachahmer gefunden hat. Steiner 1578 = 1248, Lersch, Centralmus. II, 17. C. I. Rh. sp. 29. Der spurius 73 ist eine ganz harmlose Inschrift, bei welcher auch nicht die Spur eines Verdachtes in einem vorurtheilsfreien Leser aufkommen kann. Sie ist die Clotten'sche No. XV, die bei Wyttenbach, Steiner und im C. I. Rh. mit der Eingangsformel I.H.D.D versehen ist, und erscheint Hrn. Prof. Brambach „propter editorum fidem dubiam suspectus". Dagegen ist No. 72 „suapte natura adulterinae originis". Wyttenbach hat sie in den „Neuen Beiträgen" als im vorigen Jahrhundert gefunden angegeben, ohne seinen Gewährsmann ganz bestimmt zu nennen; aus dem Zusammenhange aber, in welchem diese Inschrift mit den Nummern XXII—XXXV steht, ergibt sich unzweifelhaft, dass Clotten die Abzeichnung wenigstens lieferte, und da konnte es ohne einen Fehler nicht abgehen; der Besitzer war ein Pauliner Kanonicus, wie ich vermuthete, Hr. von Baring. Die Inschrift ist so gut beglaubigt, wie es nur irgend eine auf Treu und Glauben überlieferte sein kann und wenn wir einen einzigen Buchstaben zusetzen und

IN.H.D.D.
DEO.MERCVRIO
Q.FAVSTIVS.TRE.
V.S.L.M.

lesen, ist sie auch ganz untadelhaft: FAVSTIVS statt FAVSTVS mit ligirtem TI. Ein

---

¹) Merkwürdiger Weise ist für Wyttenbach die Calpalpius-Inschrift verschollen; cfr. Rambour, Maler, Ansichten S. 10, Treviris 1834 No. 20; nirgendwo erwähnt er dieselbe, obschon der Stein gewiss sich seit seiner Auffindung in einem Garten eingemauert befand, von wo er nachher in die Porta Nigra geschafft wurde.

Quästor FAVSTIVS mit dem Beinamen AVENTINVS im C. I. Rh. 1561 aus Oehringen in Würtemberg. Die Formel IN.H.D.D. kommt genau so geschrieben im C. I. Rh. 11, 151, 231, 306, 362, 691—693, 863—865, 877—878, 1444—46, 1561 etc. vor.

Der spurius 76 ist ein verstümmelter Abklatsch der in den hortis Mansfeldicis nach Wiltheim's Zeugniss (Lux. Rom. 164, fig. 89) aufbewahrten Inschrift Gruter 696, 1 = Steiner 1999 = Hontheim Prodr. 196, 5 und lauten das Original I und die Abschrift II bei Müller so:

I. D.	M.	II. D.	M.
M.MEMMIO		M.MEMNIO.COMMENTO	
COMMENTO		ET.PRIMIAE.FILIAE.SVAE	
ET.PRIMIAE.VR			
BANAE.FILI.F.			

In der Note zu dieser Inschrift sagt Müller, man solle das M. der zweiten Zeile MARCVS nicht MARCO lesen; er war nämlich in Verlegenheit, weil er den Namen dessen, der die Inschrift setzte, auf seinem schon 54 Jahre alten Concepte nicht mehr herausfinden konnte. Müller spricht, das wollen wir hier noch bemerken, in der „Treviris" 1836 No. 29 und 31 Zweifel an der Echtheit der von ihm wieder abgedruckten Inschriften aus dem „Trierischen Wochenblättgen" und dem „Ankündiger" aus, „weil er die Originale nicht selbst eingesehen habe". Wir erfahren aber auch von ihm, was er, bei der ihm angebornen Begriffsunklarheit unter „Echtheit" versteht: „die Genauigkeit und Zuverlässigkeit der Abschrift, für die er Mangels Autopsie nicht einstehen könne." Ja, wenn diese Dinge den Maassstab für die Echtheit der Inschriften abgeben sollten, würden das C. I. Rh. und das C. I. L. nicht zu solchen stattlichen Quartbänden heranwachsen. Bei mehr als 350 von den 2092 Inschriften des C. I. Rh. schreibt der Herausgeber *periit* oder *periisse videtur,* abgesehen von denen, bei welchen die Autopsie des Herausgebers oder seiner Gewährsmänner sich nicht constatiren lässt.

Aehnlich wie dem Appellationsgerichtsrath M. F. J. Müller mit der Grabschrift des Memmius Commentus, erging es dem Herausgeber des C. I. Rh. mit der des Motucius Lupercus. Steiner gab diese Inschrift No. 1718 — man sollte fast sagen: aus dem Gedächtnisse, mindestens aber nach einer sehr schlechten Abschrift — in folgender Fassung:

MOTVCIO.LVPERCO ·
LIBERTO.SECVNDI
NIVS.MOTOCVS.F.C.

und nannte als Quelle die „Trierer Chronik Iuni 1822, S. 71". Das schrieb Hr. Prof. Brambach wörtlich nach, C. I. Rh. 809, weil er den Stein nicht mehr in den trierischen Museen zu finden wusste; er ist auch wirklich verschwunden, während der gleichzeitig mit ihm gefundene der Cricconia Donilla auf der Porta Nigra aufbewahrt wird. Aber es war ein Facsimile gerettet worden und nach diesem liess Hr. Prof. Brambach sich später in den „Addendis et Corrigendis" von Hrn. Stünder rectificiren (die sechste Zeile ist auch von ihm nicht genau wiedergegeben) und jetzt lautet die Inschrift (mit den muthmaasslichen Ergänzungen) so:

7

D.   M.

MOTVCIO.LV

PERCO.LIBERTO

BENE.COGNITO

dEFVNCTO.SECV   5

ndinius mOTVCVs

d s F c

Die letzte Zeile bleibt zweifelhaft. Die Inschrift wurde im Laufe des Jahres 1822, wie bemerkt, mit der andern bei Steiner 1824 = C. I. Rh. 774 gefunden und vom damaligen Hauptmann Schmidt (aus dem Generalstab der Garnison, commandirt zur Dienstleistung beim 30. Inf.-Reg.), im Facsimile in der „Trierischen Kronik" veröffentlicht [1]). Florencourt hat die zweite als „unedirte" abdrucken lassen [2]). Der Fundort ist die Gegend von St. Matthias und dem Hofe „zum Hund", wie die „Trierische Kronik" l. c. mit ganz bestimmten Worten sagt. Ein anderes sehr instructives Beispiel, wie aus einer einzigen Inschrift durch nachlässiges Abschreiben zwei verschiedene entstehen, finden wir im C. I. Rh. selbst: es ist No. 210, aus Xanten, aus welcher durch Missverständniss des Städtenamens FANVM FORTVNAE (Tac. Hist. III 50) und nachlässiges Abschreiben der spurius 20 C. I. Rh. entstand; ferner bei Hontheim Prodr. 203, 2 = 207, 2, deren Original im Mannheimer Museum ist und aus der St. Paulinskirche stammt [3]). Cfr. Steiner 1737 = 1805, 1201 = 1561 (853 = 878?) und zuletzt noch 2082 (schweizer Inschrift), ein Grabstein, aus welchem durch vielfaches Ab- und Nachschreiben und nachlässiges Collationiren zuletzt ein Meilenstein oder Gedenkstein für eine über den Iura unter Tiberius oder Nero angelegte Strasse wurde.

Die berüchtigte sogenannte Amphitheater-Inschrift des Centurionen Licinius, No. XVIIII = C. I. Rh. sp. 78, wohl die bekannteste, weil am meisten abgedruckte und besprochene, aller Clotten'schen Inschriften, ist — das stellen unsere Fundberichte unwiderspruchlich fest, *gar nicht im trierischen Amphitheater* gefunden worden, wie so viele Herausgeber behaupten, sondern „*am Fusse des Heiligkreuzberges*", jenseit des Altbaches, vielleicht in der Nähe des Fundortes der Haruspices-Inschrift, C. I. Rh. 769. Dass hier römische Gebäude standen, ist durch vielfache Funde bestätigt. Steiner unter No. 2007 kennt den Fundort nicht [4]), obschon er Schmidt's Baudenkmale der römischen Periode, II S. 73, wo ausdrücklich Wyttenbach's „Neue Forschungen" und aus ihnen das Amphitheater als Fundort dieser Inschrift citirt ist, als Quelle anmerkt. Grade dieses angeblichen Fundortes wegen wurde die Inschrift benutzt, um des Amphitheaters Erbauungszeit wenigstens relativ zu bestimmen. So noch von Steininger [5]), nachdem ihm Wyttenbach an verschiedenen Stellen seiner Werke vorausgegangen war. Durch unsere Feststellung des Fundortes fällt ein Hauptgrund gegen die Echtheit der Inschrift — Identität des Fundortes (in einem Amphitheater) mit einer

---

[1]) Cfr. C. I. Rh. 912, in welcher fast dieselben Namen gelesen werden. — [2]) Bonner Jahrbücher XVI 67.

[3]) Das Nähere bei Schmitt l. c. p. 438.

[4]) Ebenso von der Inschrift 2011 (= C. I. Rh. 855) aus Niersbach, das er nirgend finden zu können angibt; 2010 (= C. I. Rh. 1779) aus Lommersheim; letzteres ist Lommersum bei Lechenich, ehemals den Reichsgrafen von Kerpen zugehörig; C. I. Rh. 565 auch ein Matronenstein aus demselben Orte.

[5]) Geschichte der Treviren unter der Herrschaft der Römer, p. 285.

bei Gruter 7, 1 abgedruckten Inschrift aus Rom „PRO SALVTE IMPERATORIS
ANTONINI —, den Schneemann geltend machte ¹), vollständig weg. Dies und die Ueberein-
stimmung der Weihe- und Wunschformel I.O.M.ET.IVNONI.REGINAE.PRO}
SALVTE sind viel zu schwache Momente, um eine Inschrift unter die spurii zu setzen.
Beide Formeln sind im Rheinlande gerade sehr häufig ²). Ferner liest Clotten, ebenso wie
Steiner und Wyttenbach (1809), in Zeile 5 ꓛLEG, und nicht, wie Wyttenbach (1826) ³),
Steininger und zuletzt der Herausgeber des C. I. Rh. ohne Rücksicht auf den Originalfundbericht lasen: ꓛXLEG, was Wyttenbach „centurio cohortis decimae legionis sextae" etc.
deuten zu müssen glaubt — und damit fällt ein dritter Grund gegen die Echtheit. Es bleibt
noch der allerdings schwierige Legionen-Name LEG.VI.TRAIAN — so und nicht
TRAIANI hat Clotten gelesen — eine Schwierigkeit, auf die Wyttenbach wiederholt aufmerksam machte. Einen Lesefehler, wie solche zu hunderten vorkommen und ohne Arg zu erregen,
einfach durch Conjectur beseitigt werden, auch hier zuzugeben, ist Hrn. Prof. Brambach
gar nicht eingefallen. Ein Beispiel: Die Inschrift Orelli 5436, dem Anonymus Einsiedlensis
entnommen, gibt den Regierungsantritt des Kaisers Nerva falsch an; Hr. Prof. Mommsen
beseitigt den Fehler durch eine ganz einfache Conjectur und jetzt lautet die Inschrift:
LIBERTATI.AB.IMP.NERVA.CAESARE.ANNO.AB.VRBE.
CONDITA.DCCCXXXXIIX.XIIII(*Kal.*)OCT.RESTITU(*tae*) S.P.Q.R
— ganz richtig: am 18. Sept. 848 der Catonischen Aera wurde Domitian erschlagen und
Nerva bestieg den Thron — die Inschrift ist aber aus Tacitus Agric. 3 und Sueton
Domitian 17 zusammengesetzt ⁴). Der Herausgeber des C. I. Rh. hat vollständig sinnlose
Inschriften, deren Originale längst verschwunden sind, aufgenommen, z. B. No. 736, 777
(zu welcher Hr. Prof. Br., wie bei No. 770, den Buchbinder Schröll, der Verleger der
„Trierischen Kronik" als Gewährsmann anführt, obschon es ib. 1819, S. 113 heisst, Johann
Phil. Freiherr von Reiffenberg habe diese hinter St. Matthias gefundene Inschrift in seinen
handschriftlichen Noten zu Brouwer's Annalen aufbewahrt und zu deuten versucht; der
Eigenthümer des Steines, Pfarrer Michael Heinster von St. Laurentius, der ihn 1710 fand,
schenkte ihn dem Rathsherrn Ballonfeaux aus Luxemburg), 792 (drei sich vollständig wider-
sprechende Lesungen, cfr. Add. et Corr. pag. XXX ⁵) und 1116 (auf ihr die oben besprochene
LEG.II.TROIANA, welche im Index des C. I. Rh. pag. 386 ganz stillschweigend als
Leg.II.Traiana aufgeführt ist). Die Igeler Inschrift C. I. Rh. 833, an deren Echtheit
Niemand gezweifelt hat — sie wurde beim Baue der Bahn Trier-Luxemburg hinter Igel gefunden

---

¹) Das Römische Trier, S. 19. — ²) I.O.M.ET.IVNONI.REGINAE findet sich im C. I. Rh.
12, 145. 881—883, 905, 907, 993, 1451, 1453, 1493, 1505, 1530, 1609, 1617 etc. PRO.SALVTE 151, 157, 164,
305, 467, 632, 823, 983, 992, 1002, 1019, 1076, 1281, 1406, 1482, 1540, 1543, 1575 u. a. Gruter 12, 1—9 etc.
³) Ramboux, Malerische Ansichten S. 10 des Textes, Treviris 1834 No. 20.
⁴) Die Zählung nach Jahren der Stadt gab deswegen kein sicheres Datum, weil es zwei bekanntere
Aeren der Erbauung der Stadt gab, die um zwei Jahre aus einander gingen, abgesehen von den vielen abweichenden Bestimmungen der römischen und griechischen Geschichtsforscher. Wer nun einer Inschrift ein
sicheres Datum geben wollte, führte die Consuln des Jahres auf. Die Consuln des Jahres 848 asrae Caton.
waren C. Fulvius Valens und C. Antistius Vetus; cfr. Eutrop. VIII 1, der nach der Varronischen Aera rechnet,
also 850 a. u. c. als Jahr der genannten Consuln angibt.
⁵) Aehnlich C. I. Rh. 161, 166, 1584.

(nicht „repertum *dicitur*", wie der Herausgeber des C. I. Rh. behauptet), — könnte ja,. bloss nach ihrem Inhalte beurtheilt, unmöglich echt sein, denn, sagt Hr. Prof. Brambach, „explicationem inscriptionis admodum *obscurae frustra* temptavit cum Hübnero Th. Mommsenus". Jahrbücher des Vereins etc. XXXVII pag. 158 flg. Die Inschrift scheint weiter nichts, als ein wegen Unbrauchbarkeit liegen gebliebenes Werkstück zu sein, ähnlich wie C. I. Rh. 470, 1634. Bei No. 687 lässt uns Hr. Prof. Brambach die Wahl: „aut pessime lecta aut spuria"; bei 79 sagt er bloss: „explicatio admodum dubia"; 78—80 sind offenbar verfälscht. No. 1471 ist gar nicht zu deuten.

In dem Berichte über die eben besprochene Inschrift No. XVIIII bedauert Clotten, dass die bei einem Sarge am Heiligkreuzberge 1797 gefundeno Inschrift nicht in seine Hände kam. Der gute Mann hätte es ja näher gehabt, sich in seinen Mussestunden zu Wadern die erforderliche Inschrift selbst zu machen, — wenn er denn wirklich ein so geschickter Fälscher war, wie er es nach der Behauptung der Hrn. Prof. Mommsen und Brambach sein musste. Wozu hat Clotten von Wadern aus die Aufforderung erlassen, ihm Inschriften und Alterthümer mitzutheilen? Das war 1797 und 1802 beklagt er sich, dass Inschriften, die gefunden wurden, nicht in seine Hände kamen. Wo ist da der Betrüger und der betrogene Betrüger? Wird man nicht zur Annahme der grössten moralischen Absurditäten geführt, wenn man einen einfachen schlichten Oberamts-Secretär, der zur Noth seine Inschriften lesen konnte, zum Inschriftenfälscher stempeln will? Wenn es in unsern Tagen einem „Epigraphiker von Fach" begegnet, dass er Inschriften falsch und verfälscht mittheilt, weil die Flüchtigkeit der Arbeit ihm nicht gestattet, näher zuzusehen und, statt aus trüben Nebenflüssen, aus der Urquelle zu schöpfen — hat er denn verdient, nach fünfzig Jahren unter die Rubrik der Falsarier gesetzt zu werden, wie der Herausgeber des C. I. Rh. es mit Hontheim, Clotten und Hetzrodt gethan? „Die schönen Zeiten", sagt Hr. Prof. Mommsen, „wo der deutsche Gelehrte an seine Brust schlug und dem heiligen Mercurius dafür dankte, dass in seiner Heimat nicht, wie von den spanischen und neapolitanischen Lotterbuben, Inschriften fabricirt würden, sind bekanntlich vorbei; Salzburg und Rottenburg, Aachen und *Trier* lassen in dieser Beziehung durchaus nichts zu wünschen übrig." Dass in frühern Zeiten viel in Inschriftenfälschungen in der Absicht gearbeitet worden ist, für irgend eine angebliche Thatsache die Beweismittel zu schaffen oder geistreiche Gedanken an den Mann zu bringen, haben wir oben vollständig zugegeben. Dass aber die gegen Clotten zuerst von Hrn. Prof. Mommsen aufgebrachte Beschuldigung der Fälschung so erwiesen sei wie die Fabricate der COLONIA SUMLOCENNA, kann nur der behaupten, welcher sich berechtigt glaubt, in irgend einer Streitfrage die Acten zu schliessen — um die gegnerischen Ansichten nicht mehr hören zu müssen. Es geht der Epigraphik wie so mancher andern kritischen Wissenschaft: vielfache Betrügereien aus ältester und neuester Zeit sind aufgedeckt worden und manche liebgewonnene Theorie musste als unhaltbar gestrichen werden. Dadurch hat sich denn der Kritiker eine förmliche Gespensterfurcht bemächtigt und sie verdächtigen alles, was nur eben etwas Auffallendes an sich trägt, und dies um so energischer, je frischer bei ihnen die Erinnerung ist, dass sie auch einmal, wenn nicht durch schwäbische und rheinische, so doch durch italienische Falsificato getäuscht worden sind.

Wir haben kaum eine *Legio VI Traiani* durch Conjectur in eine *Legio II Traiana* verwandelt, da tritt uns in No. XXII eine *Legio* (incerta) *Constantia.* entgegen, die im ganzen C. I. Rh. kein zweites Mal vorkommt. Vor allen Dingen ist es im höchsten Grade unwahrscheinlich, dass alle Legionen, deren Namen in irgend einer zufälligen Verbindung auf Steinen vorkommen, auch an dem Fundorte gestanden haben müssen. Dies gilt bekanntlich nur für Ziegel mit dem Legionenstempel. Vergleichen wir die Zusammenstellung der Legionen-Namen, welche von 15 v. Chr. bis gegen Ende des 3. Jahrhunderts im Rheinlande dienten, C. I. Rh. p. IX, mit dem Legionen-Index p. 386 sq., so finden wir, dass die inschriftlich vorkommenden Legionen-Namen nicht auf die beschränkt sind, welche wir als Kriegstruppen in Germanien finden. Sodann wechselten die Legionen öfters ihre Beinamen nach den regierenden Kaisern. So hiess die *Legio VIII Augusta pia fidelis constans* später Commoda, Antoniniana, Severiana Alexandriana; die *XIII gemina.* Antoniniana, Gordiana, Severiana; die *XIIII gemina pia fidelis*, Severiana, Martia victrix; die *XXX Ulpia victrix*, V. v. Severiana Alexandriana, V. v. Valeria, Severiana Alexandriana Augusta etc. Welche Legionen aber seit Maximinian und Diocletian in Germanien gedient haben, gesteht der Herausgeber des C. I. Rh. p. XIIII selbst zu, nicht zu wissen; denn die Notitia dignitatum, der römische Staatskalender, sei in diesem Theile nicht vollständig erhalten (non omnino integra) und Soldateninschriften aus so später Zeit wohl nicht (vix) vorhanden. In diese späte Zeit will unsere Inschrift No. XXII gehören, auf welcher sich eine unbestimmte Legion aus Anhänglichkeit an den Kaiser Constantin den entsprechenden Beinamen beilegte. War es vielleicht die *prima Minervia?* Nach C. I. Rh. p. XIIII lag sie seit Hadrian (117—138 n. Chr.) zu Bonn und wurde von Constantin nach Illyrien verlegt. Die No. X, XIII (Orelli 1406) und XVII= C. I. Rh. spur. 56, 59 und 75 enthalten nach Clotten's Lesung — nur Steiner (1701) weicht ab — die Namensform TREVIRORVM statt des nach den Inschriften einzig zulässigen TREVERORVM [1]) — weil man zu Clotten's Zeit und schon früher und noch bis in unsere Zeit hinein [2]), auf die Unanfechtbarkeit des bekannten Wortspieles bei Cicero vertrauend, *Treviri* für die einzig richtige und *Treveri* für eine ore barbaro verdorbene Lesart hielt. Unser Hontheim sagt darüber [3]): „hi (Romani) *Treviros* dixere: quod sincerum, vetus et incorruptum populi nomen est; nulla enim aut saltem inepta foret Ciceronis lib. VII epist. fam. 13 allusio ad *Tresviros* seu *Treviros* capitales Romae, si maiores nostros non audisset, legisset et scripsisset TREVIROS. Ita ut *Treverorum Trivarorum* et *Triberorum* nomina, quorum prius *medio aevo* perquam frequens fuit, non nisi pro *corrupto* haberi debeant [4]). Adiectivum autem *Trevericum* prae *Treviricum* latina civitate donatum est." So weit ging man, weil man sich nicht überzeugen konnte, dass die *Treveri*, nachdem

---

[1]) C. I. Rh. 149, 161, 187, 307, 825, 898, 1245, 1548, 1549. Steiner 1715 (= Gruter 482, 7), 2538, 3465. Orelli 5898, 7254, 7392.

[2]) Zeuss, die Deutschen, S. 216, Steininger, l. c. S. 3, Note 3.

[3]) Prodr. hist. Trev. 3. Eigenthümlich bleibt dieses Festhalten an der Form *Treviri* bei Hontheim, der die Treverer für Germanen hielt, doch immerhin. Wie nahe lag es nicht, *Bructeri, Tencteri,* beide germanischen Ursprunges, zu vergleichen? Oder auch *Sugamber, Cimber, Tunger, Nicer, Liger, Ister* — in *Treveri* konnte das *e* natürlich nicht ausgestossen werden —? Aber *Sacrovir,* der Aeduer, Tacit. Ann. III 40 u. 5. war eine scheinbare Analogie für *Trevir.*

[4]) Wie MENERVA, MAGESTER, CIVES (= civis, C. I. Rh. 75, 418) DEANAE, 336, 339. VERGILIVS, TETVLVS, cfr. Quint. I 4, 17.

sie die civitas romana erhalten, wohl besser als Cicero oder Cäsar wissen mussten, mit welchen lateinischen Buchstaben sie ihren einheimischen Namen schreiben sollten. Derselbe Fehler TREVIRI entstand durch Abschreiben in der Worringer Inschrift, C. L Rh. 307:

ALBANIO.VITALI
EQ.ALAE.INDIANAE
TVR.BARBI.CIVI
TREVERO.AN.XXX.STIP.X
H.EX.T.F.C

in deren 4. Zeile Wiltheim TREVIRO las, nach Answeis des oben angeführten Manuscriptes seiner Annalen des St. Maximiner Klosters, wenn lotzteres auch vielleicht nicht die Original. handschrift, sondern eine der vielen Abschriften ist. Jedenfalls hielt der Copist TREVIRO für die bessere Form und ähnlich erging es Clotten oder vielmehr dem Drucker der betreffenden Blätter, iu denen er seine Inschriften veröffentlichte. — Ueber den von Clotten angegebenen Fundort *Limbach* für No. XVIII, „wo im Jahre 1786 sehr viele merkwürdige Alterthümer, *mehrere* römische Inscriptionen entdeckt wurden", bomerken wir, dass es derselbe Ort ist, wo die No. 1773 des C. I. Rh. ausgegraben wurde. Lamey, der Gewährsmann Ilrn. l'rof. Brambach's sagt: „mense Maio an. 1787 — inter Limbach et Bettingen vicos in cacumine montis, quem torrens Bremsbach praeterlabitur." Wer nuu weiss, wo die Brems oder Brims mündet, bei Dillingen unweit Saarlouis, der findet auch die genannten beiden Orte, nämlich im preussischen Kreise Saarlouis. Trotzdem versetzt der Herausgeber des C. I. Rh. unser Limbach in die baierische Pfalz — weil er die Blies mit der Brims verwechselte; an der Blies, eine Meile westlich von Homburg (Station der Pfälzischen Ludwigsbahn) liegt ebenfalls ein Limbach, aber nicht das, wo jene Inschriften gefunden wurden. Den Ort Bettingen hat Ilr. Prof. Br. richtig in den Kreis Saarlouis versetzt, No. 756. Heinzerath, alt Hinzeradt, nahe am stumpfen Thurm (Kr. Berncastel) schroibt or bei No. 864 *Heingerath*. Aus dem Flurnamen „Völkersgewann", welche letztere zum Dorfe Serrig gehört, ist ein *Ort* geworden, No. 764. *Serrig* schreibt Ilr. Prof. Br. *Soerg*, genau so wie Steiner 1859, während Prof. Dr. Saal [1]) richtig *Serrig* schreibt; letzteres ist wenigstens seit 1818 die amtliche Schreibweise. Diese Rügen betreffen zwar Kleinigkeiten, allein sie machen die Benutzung des C. L Rh. unzuverlässig; denn wer versichert uns, dass dergleichen Verwirrungen nicht auch sonst vorkommen, wo wir die Ortschaften nicht so genau kennen, als im Regierungsbezirke Trier? Uebrigens haben wir nach dem ius talionis auch ein Recht, dergleichen zu rügen: bei C. I. Rh. 512 Rubrik *Dollendorf* heisst: „falso *Dollendorfo* vico Eifliae ascribitur ab Honthemio eiusque pedisequis". *Dollendorf* ist bei Hontheim, der den Gruter citirt, ein Druckfehler, von dem *vicus Eifliae* steht im Prodr. 190 keine Silbe.

Unter den auffallenden Einzelheiten der Clotten'schen Inschriften ist zuerst das ganz von der Regel abweichende FACIT in No. VII und X, ebenso in dem Nicht-Clotten'schen spurius C. L Rh. 66 = Orelli 4594, zu bemerken, dem FACIVNT in dem spurius 65 entsprechend. Wenn wir es nicht für einen Druckfehler ansehen wollen — und dafür spricht die bei No. X beigefügte deutsche Uebersetzung ganz entschieden — so liegt ein Lese-

---

[1]) Treviris 1835, No. 20 und 21: über ein bei Serrig befindliches Römisches Familiengrabmal.

oder Ergänzungsfehler darin für FAC.CVR. oder F.C., und in dem spurius 65 für FACIVNDVM.CVRAVIT, wie in No. XXIIII. Das gebräuchlichere FECIT steht in No. VI und XI und wir können doch unmöglich annehmen, dass ein Falsarius mit Absicht FACIT oder FACIVNT geschrieben, da in solchen Dingen die Regel doch gar zu leicht einzuhalten ist; besonders stark tritt dies bei dem spurius 65 hervor: *Afranius sibi et Farsuleiae coniugi faciunt.* Anders ist es, wenn er ganz neue Phrasen vorbringt, wie im C. I. Rh. 1388, wo FIERI.M(*andavit?*) statt FIERI.IVSSIT steht, cfr. No. VIIII, und wieder anders ist es, wenn z. B. der angebliche Nenniger Fälscher CAES.M. V.TRAI.NERVA schreibt und man ihm gegenüber über die Kaisertitulatur eine Regel aufstellt, die „bei mehrern Kaisern und namentlich bei Norva und Traian" zutrifft, bei mehrern, namentlich bei Titus, Antoninus Pius, Marcus Aurelius, L. Aurelius, Pertinax, aber wieder nicht zutrifft[1]), „dass sie nämlich vom Augenblicke an, wo sie auf den Thron gelangen, den Privatvornamen mit dem praenomen imperatoris vertauschen und den Geschlechtsnamen abwerfen, nicht etwa bloss der Kürze wegen beide weglassend, sondern sie, gleichsam als unter der kaiserlichen Würde lediglich in Ableitungen .... verwendend"[2]). Also die zuletzt genannten Kaiser hatten keinen so hohen Begriff ihrer Würde als Nerva und der allerdings sehr eitle (Mauerpfeffer) Traian, der, von der Wonne des Nachruhms geplagt, alle Wände mit Inschriften versehen liess. Das Gegenstück zu dem Nenniger *Secundinus Securus*, dem Bürgermeister von Trier, dem Manne ohne Vor- und Geschlechtsnamen, haben wir in dem VINDEX ALBINVS, No. XVII. Weder *Vindex*, noch *Albinus* darf als römischer Gentilname gelten[3]); allerdings können wir durch Annahme einer übersehenen Ligatur ALBINIVS lesen und der Gentilname wäre regelrecht hergestellt; C. I. Rh. 73: Titus *Albinius* Ianuarius. Der Nenniger SECVNDINVS SECVRVS erregte aber desswegen den Verdacht der Hrn. Prof. Mommsen und Brambach, weil sie die Ueberzeugung hatten, der Name könne nirgend wo andersher entlehnt sein, als aus Lersch's ungenauer Abschrift der Igeler Inschrifttafel. Abgesehen von der im Rheinlande und sonst vorkommenden patronymischen Namenbildung, wie SACCIVS MODESTVS pater und MODESTIVS MACEDO filius in Igel[4]), welche unbestreitbar einen SECVNDINVS SECVRVS in der 3. Zeile der Igeler Inschrift gegenüber dem SECVNDINIVS SE-CVRVS in Zeile 6 und 7 zulässt — wie LVCIVS SECVNDINVS AVENTINVS in Zeile 6 auf einen SECVNDINVS AVENTINVS in Zeile 4 hinweist — erscheinen auch sonst doppelte Cognomina mit und ohne Vornamen auf Inschriften. Wir geben aus dem C. I. Rh. eine kleine Auswahl, wollen aber für einzelne Fälle die Bemerkung nicht unterdrücken, in wie fern die Annahme eines doppelten Cognomens unsicher oder unzulässig

---

[1]) Vergl. die Belege in meiner Broschüre: Die Secundinier, S. 14, Note 6, die man jetzt um ein Ansehnliches aus dem C. I. Rh. vermehren könnte.

[2]) Hr. Prof. Mommsen in „den Grenzboten" S. 411.

[3]) Die römischen Gentilnamen enden in der Regel auf *ius, rius, aius, acus, eus*, die etruskischen auf *na, ina, inna, enna*, die umbrischen und picentinischen auf *enus, ienus*; das gallische *acus* gehört schwerlich hieher, da die Kelten einen dem römischen ähnlichen Gebrauch von Gentilnamen ursprünglich nicht kannten und sie seit Claudius römisches Bürgerrecht und also auch römische Gentilnamen bekommen hatten.

[4]) Orelli 3004: Passienus pater und Passienius filius, C. I. Rh. 759, 763, 832, 846, 1318, 1836, cfr. Dr. Hasenmüller l. c. 20 sqq.

ist. C. I. Rh. 155 (Stein des Bonner Museums): L. Accepus, verschrieben für *Acceptus* oder Acceptius (?); 344 (Kölner Stein): Longinus Blarta Bisse f. Bessus (ein Barbar, bei dem also von regelrechter römischer Namengebung keine Rede ist); 645 (Bonner Stein): Arcias Marinus (Iovis Dolicheni sacerdos, auch ein Ausländer, Arcias = Ἀρχίας; Doliche, Dolichene in Syrien, Kommagene); 754 (trierer Stein aus Pachten): Dannus Giamillus, offenbar ein Nicht-Römer aus trierischem Gebiete [1]), (coloni Crutisiones, wo?); 769 (trierischer Stein): Aprilis Dometianus (so das C. I. Rh. ;m Index II) kann wegen Polyonymie zweifelhaft sein; 825 (trier. Stein): Auctinus Romanus, statt dessen Hr. Prof. Br. im Index Auctinius liest; 866 (aus Bingen) Patronus Patrinus (ob noch vorhanden?), 930 = Orelli 5899 (aus Hessen) T. Tacitus Censorinus (im wiesbadener Museum); 1004 (Rhoinhessen, Mainzer Museum) Mammillianus Victorinus, kann nicht zweifelhaft sein, da die Inschrift auch nach links hin vollständig ist; 1101 (ex schedis): Aprilis Soli(mari) f(ilius) Ycho, ein Belge; 1210 (ex schedis): Lucianus Maternus; 1214 (ex sch.) P. Metellus Calvus; 1328 (im Mainzer Museum): Antiocus Apollinaris, ein Hellene? 1506 (ex sch.): P. Metellus Calvinus; 1979 (ex sch.): Secundinus Certus; 1980 (ex sch.): Atticianus Speratus; 1986 (ex sch.): Appianus Severus, und zum Schlusse einen echten unverfälschten SECVNDINVS SECVRVS, aber nicht aus Nennig, sondern aus Ladenburg, C. I. Rh. 1715. Da diese Inschrift von bedeutendem Interesse ist, so lassen wir dieselbe, wenigstens bezüglich des Namens des Weihenden, genau nach dem Abdruck im C. I. Rh. hier folgen:

```
    C N      Figur      N
    M                   D D
SE CVNDINVS.SV/////
   CVRVS //////////////
```

Es leidet keinen Zweifel, dass vor dem Namen Secundinus Securus kein Gentilname stand. Die D D, von welchen auf dem Originale eines das andere umschliesst, deute ich: donum donavit oder dat dedicat. Der Stein wurde in Ladenburg gefunden und steht im Karlsruher Museum. Ladenburg ist die CIVITAS VLPIA, C. I. Rh. 1713, eine Gründung Traian's, wie schon ihr Name besagt, aus der Zeit der Anwesenheit des genannten Kaisers in Ober- und Untergermanien [2]). In Ladenburg und Nennig finden wir also den Kaiser Traian und einen gewissen SECVNDINVS SECVRVS, letztern dort ohne erkennbare Angabe eines Amtes, hier in der Würde eines PRAEFECTVS COLONIAE AVGVSTAE TREVERORVM; in Igel finden wir einen SECVNDINIVS SECVRVS — sollen wir darum einen geschichtlichen Zusammenhang zwischen Ladenburg, Nennig und Igel vermuthen? Allerdings und ich halte den ladenburger SECVNDINVS SECVRVS für dieselbe Person mit dem Nenniger. Und merkwürdig: die ladenburger Inschrift des genannten Mannes ist eben wie die Nenniger Inschriften so abgekürzt geschrieben, „dass sie", um Hrn. Prof. Mommsen's Worte hier anzuwenden, „jeder rationellen Auflösung spottet" [3]), wir aber leider

---

[1]) C. I. Rh. 1061: C. Dannius. C. f. Secundus Vianus (aus Mainz), also gewiss ein Kelte, Viana, Vienna (ib. 1082, 1382) Allobrogum; 1175: L. Giamillius, L. f. Cla. Cerialis, Virnni (aus Zahlbach bei Mainz) ans Virunum in Kärnthen; 1336: Giamillius Crescens (aus Castel bei Mainz) ein hustifer civitatis Moguntiuae, wie die Inschrift besagt.

[2]) Prof. Brambach, Offener Brief, S. 7. — [3]) „Die Grenzboten", 1865, No. 50, S. 414.

„der dankenswerthen Fürsorge des Fälschers" entbehren müssen, da bei der ladenburger Inschrift „die Auflösung oder vielmehr das Concept, aus dem der Fälscher [SECVNDINVS SECVRVS] willkürlich seinen Text zusammengeschrieben hat, nicht zu den Acten gelangt ist." Wir appelliren hier „an die Möglichkeit glücklicher Divination und wie weit diese sich vernünftiger Weise erstrecken lasse, mag jeder, den es angeht, erwägen." [1])

Ueber die Götter- und Menschennamen, bezüglich Beinamen, die auf den Clotten'schen Inschriften vorkommen, finden wir noch einige Bemerkungen erforderlich. In No. XVIII, XXII und XXIII finden wir einen GENIVS (HVIVS) LOCI SANCTVS. Solcher Ortsschutzgeister hat das ganze römische Reich aufzuweisen. Dem GENIVS TREVE-RORVM in No. X entspricht der GENIVS COLONIAE OSTIENSIVM, PVTEO-LANORVM u. a.[2]), der GENIVS LVGDVNI, GENIVS ROMAE, die Genien mit localen Namen: DELVENTINVS CASINIENSIVM, VISIDIANVS NAR-NIENSIVM, NORTIA VOLSINIENSIVM u. a.[3]), aus dem Rheinlande der GE-NIVS TALLIATIVM, VICI CANABARVM, PLATEAE VICI NOVI, C. ALISIN[4]) etc. Der einfache GENIVS LOCI ist im C. I. Rh. mindestens 32mal zu finden, der GENIVS HVIVS LOCI, ib. pag. 361 spurius No. 17 aus Gruter 9, 1, von Henzen zu Orelli 186, III pag. 28 für unecht erklärt; ein echter aus Mainz, C. I. Rh. 975 = Steiner 372. In No. X = Orelli 1805 erscheinen übrigens die göttlichen Namen in eigenthümlicher Reihenfolge: NVMINIBVS AVGVSTI ET GENIO TREVIRO-RVM IOVI SACRVM. Vielleicht ist statt IOVI — was man für einen Lesefehler halten kann — I. O. M. zu setzen und die Aufschrift in zwei Theile zu theilen:

NVMINIBVS.AVGVSTI
ET.GENIO.TREVERORVM
I . O . M .
SACRVM.
LVC . AELIVS . ARAM
F E C I T

so wäre also genio Treverorum Iovi (oder I.O.M) ein einziger Begriff, wie auch Henzen die Dedication NVMINI AVG. DEO MERCVRIO, Orelli 6080, auffasst. Mit unserer Inschrift vergleiche man C. I. Rh. 1401, 1402 (= Wiltheim, Lux. Rom. 233) und 649.

1401 NVM . AVG.	1402 NVM . AVG.	649 FINIBVS . ET
DEO . INVICTO	DEO . INVICTO	GENIO . LOCI
LVCIVS . TROVGILLI	C . ATVLIVS . MAIOR	ET . I . O . M . MILIT.
EX . VOTO . SVSCEPTO	EX . VOTO . SVSCEPTO	LEG . XXX . V . V.
v . S . L . L . M	V . S . L . L . M	M . MASSIAENI
		VS . SECVNDVS
		ET . L . AVRELIVS
		DOSSO
		V . S . L . M

[1]) „Die Grenzboten", 1866, No. 50, S. 414. — [2]) Mommsen, I. R. N. 2464—72, Orelli 1690 sqq. und 5775 sqq. [3]) Preller, Römische Mythologie, S. 570. — [4]) C. I. Rh. 637, 1892, 1444—1446, 1508. Genius Mercuri Alauni, ib. 1717, Martis, 1611, 1701, Apollinis 1721, centuriae, 1026—1029, arenariorum, 770, etc.

8

Das NVMEN. AVGVSTI erscheint auch auf einer bisher fast unbeachteten Inschrift am hiesigen Neuthore, von welcher ich folgendes las: I.O.....|*T.NVMIN..|AVGVSTI. .....|......|DONVM.DED....

Dass in der Zeit der Kaiserverehrung, die bis zum Ekel niederträchtig und menschenentehrend wurde, das Numen oder die Numina irgend eines Divus dem Iupiter optumus maxumus oder dem Deus invictus Mithras sollte vorgestellt worden sein, kann nicht Wunder nehmen, obschon auch in den beiden ersten Inschriften das NVMEN AVGVSTI mit dem DEVS INVICTVS identisch zu sein scheint[1]). So auch in No. 650 der GENIVS LOCI = IVNO REGINA. Nur durch einen Irrthum des Steinmetzen ist in der No. 1752 C. I. Rh. die nachfolgende Umgestaltung geschehen: I.O.M‖DOLICHENO.IN.HO. NOR.D.D. etc. weil regelmässig diese letztere Formel, die seit Commodus aufkam, voransteht.

Den MERCVRIVS NVNDINATOR in No. XVIII haben wir in No. XVII mit dem Zusatze TREVERORVM. Dieser Gott wurde auch im Nassauischen verehrt: C. I. Rh. 1805 aus dem Wiesbadener Museum = Steiner 670, Orelli 1409, freilich ohne den TREVERORVM entsprechenden Zusatz; der Stein ist aber nur Fragment:

D E O . M E R C V
N V N D I N A T O R I

Ein Mercurius negotiator aus Metz bei Grutor 55,1 = Steiner 1864, C. I. Rh. 1460 (aus Nassau) = 2377 b. kann nicht angezweifelt werden. Der trierische MERCVRIVS CONSERVATOR in No. XIII, der nur auf Clotten's ergänzender Conjectur beruht, erscheint bei Orelli 1404 als *Mercurius lucrorum potens et conservator* und hat seines Gleichen in dem I.O.M.CONSERVATOR, C. I. Rh. 146, 481, 972, 1021, 1126, 1310, in dem MARS. PATER . CONSERVATOR, Orelli 1347 (aus dem ein Falsarius einen *Mavortius pater conservator* gemacht), in dem Mars Augustus conservator corporis, ib. 1344, in dem Silvanus conservator, C. I. Rh. 1746 und den DI . CONSERVATORES ib. 331 (aus Köln). Ein paar bisher unerhörte Götternamen sind kürzlich von dem preussischen Consul für Bosnien, Hrn. Dr. Otto Blau, entdeckt und von Hrn. Prof. Mommsen in der Sitzung der berliner Akademie der Wissenschaften am 13. December 1866 mitgetheilt worden: der eine ist ein I.O.M.ADVENTVS[2]), der Schutzgott der glücklichen Ankunft, der selbst Hrn. Prof. Mommsen etwas bedenklich vorkam, der andere ist ein I.O.M.TONITRATOR, der sonst TONANS oder TONITRVALIS[3]) heisst und hier wenigstens TONITRVATOR heissen müsste. Dazu kommt noch ein I.O.M.F., der als *Fulgurator* gedeutet wird, aber auch der *Frugifer* sein kann[4]). In Trier wäre so „ein exceptioneller Fall bedenklich und nach vorliegenden Mustern fabricirt", wie der Prätorianerofficier in Nennig[5]). Der Consul Blau theilt einen Grabstein mit, der, einem T.AVR.SEXTI.ANO EQR.DEC.M.S. gesetzt, in Abkürzungen die Nenniger Inschriften weit überragt. Prof. Mommsen liest: T. Aurelio Sextiano

---

[1]) In der No. 1401 hat der Herausgeber des C. I. Rh. hinter NVM.AVG. ein S eingeschaltet, das bei Wiltheim l. c. nicht zu finden, wohl aber bei Steiner 179 in dem Druckfehler AGVS versteckt liegt, den Hr. Prof. Brambach auf die vorliegende Art corrigirte. Bei No. 782 hat er ein Notenzeichen * als Variante aus Brouwer I 52 abgeschrieben. — [2]) *Adventus* als Männername im C. I. Rh. 55, 352, 1791; Orelli 7420 aux.
[3]) Orelli 1241: I O V I . F V L M I N . F V L G . T O N A N T I. Appul. de mundo p. 279 (ed. Bipont.).
[4]) Monatsbericht der Kgl. Preuss. Akademie der Wissenschaften zu Berlin. December 1866, S. 838 und flgg.
[5]) Prof. Brambach, Offener Brief, S. 13, cfr. Dr. J. Hasenmüller le. S. 20 flg.

equiti Romano decurioni municipii S. und hält *S* für die Abkürzung von *Staneclum*, weil er in der Gegend, die Hr. Blau durchreiste, das *Stanecli* der Peutinger'schen Tafel vermuthet.

Auf der echten Inschrift XX = C. I. R. 773 hat der gute Clotten in dem Widmenden „einen Römer oder Gallier, Namens Calpalpius Libertus" zu erkennen vermeint. Freilich, der Name *Calpalpius* möchte einem „echten" Römer beinahe so entsetzlich in' den Ohren klingen, als der Arverner *Vercingetorix* „nomine quasi terrore composito"[1] oder wie heut zu Tage vielen Etymologen Namen als keltische erscheinen, die sie nicht verstehen. Florencourt hat durch Veränderung der Lesart sich einen GALBAEPI libertus Augusti, zurechtgelegt und dachte vielleicht an irgend einen Freigelassenen des Kaisers Galba, der sich zu Ehren des von letzterem adoptirten Calpurnius Piso Frugi Licinianus den Beinamen *Piso* gegeben. Allein die von Clotten und Hrn. Prof. Brambach (durch Hrn. Brusskern) constatirte übereinstimmende Lesart dublet solche Deutung nicht. Im Index zum C. I. Rh. p. 375 Sp. 3 fragt der Herausgeber: calpalpi ... au *gal*. palpi? Im C. I. Rh. 1030 steht ein PALP. NVS, den schon andere als P. ALPINiVS auflösen wollten. *Alpinus* und sein Patronymikon *Alpinius*[2] kommen bei Tacitus öfters vor: *Iulius Alpinus* ein Helveter, Hist. I 68, die beiden treverischen Brüder *Alpinius Montanus* und *D. Alpinius*, welche zusammen mit einer grossen Anzahl treverischer Senatoren im Jahre 70 n. Chr. nach Germanien über den Rhein flüchteten[3]). — Nach AV. in der letzten Zeile ist ganz deutlich der senkrechte Grundstrich eines Buchstabens zu erkennen, den Hr. Brusskern nicht sah. Ich denke, die einfachste Lesung der obigen Inschrift ist folgende: deo . MARTI . VICTori| aVGusto . CALPurnius . ALPInus| HBERTVS . AVgusti . Posuit, oder AVgustae. Ich möchte AVGVSTAE vorziehen und an einen Freigelassenen der Calpurnia aus dem Geschlechte der Cäsoninen oder Pisonen denken, der Gemahlin des Usurpators Titus, der sechs Monate Kaiser war[4]), obgleich diese Lesung einige kleine Unregelmässigkeiten darbietet: CALP.urnius, wie AVR.elius, I.ulius, FL.avius, TIB.erius, und die ungewöhnliche Stellung des *libertus*. MARS VICTOR bei Gruter 58, 7, 232, Orelli 5673 (aus Binchester in England), C. I. Rh. 138 = Gruter 58, 6 = Steiner 2435. Aus letzterer Inschrift ersehen wir auch zugleich, warum in der Nähe des trierischen Amphitheaters wenigstens zwei Inschriften auf den MARS VICTOR gefunden wurden: MARTI . VICT. GLADIATORES. L.G.P.F. „Das Amphitheater", sagt Preller l. c. S. 310, „war dem Mars und der Diana geweiht, weil dort ausser den Kämpfen der Gladiatoren auch die Hetzjagden der wilden Thiere gegeben wurden." *Mars Augustus* bei Orelli 1342—1344, *Diana Augusta* C. L Rh. 1406, 1746, *Mercurius Augustus* ib. 1408, *Neptunus Augustus* Orelli 3914 u. ö., *Victoria Augusta*, C. I. Rh. 464, 689.

Der Name MESSIVS, auf No. VII und XIII, ist auch im C. I. Rh. 1628 zu lesen und als Familienname des Kaisers Decius bekannt; dieser war aus Bubalia oder Budalia in Untergermanien bei Syrmium gebürtig[5]) und hiess vollständig *C. Messius Quintus Traianus Decius*. MESSIVS scheint also ein ausländischer Name zu sein. Der Beiname des einen Messius, ORTELIVS, lässt sich aus dem C. I. Rh. nicht belegen, auch er scheint ein Barbaren-

---

[1]) Florus III 10. — [2]) C. I. Rh. 453: M. Alpinius Firmanus. — [3]) Tacit. Hist. V 19.
[4]) Trebellius Pollio, XXX tyr. 32. — [5]) S. Aurel. Victor de Caesar. 29 coll. epit. 29 und Eutrop. IX 3.

name [1]). Von dem Frauennamen MESA in No. VII ist nur zu sagen, dass wenn die Schreibung bei Steiner 1723 MESSA die richtige wäre, er mit MESSIVS in patronymischem Verhältnisse stände; eine Verwandtschaft des MESSIVS in No. VII mit der MESA ist aus der Inschrift selbst nicht ersichtlich [2]) Der andere Frauenname TRIBVNA erscheint zweimal in No. V und XXVI, SABINA im C. L Rh. 293, 418, 620. ATHENIMIVS auf der christlichen Inschrift No. III ist entweder verlesen oder verschrieben für ANTHEMIVS oder ANTHEMVSIVS, Name eines Freigelassenen aus Rom, Gruter 606, 4—6; offenbar von Ἀνθεμοῖς, Stadt in Makedonien, daher Ἀνθεμούσιος, Steph. Byzant. Die Angabe Steiner's, dass der Stein im hiesigen Museum sich befinde, ist irrthümlich; woher er dieselbe habe, ist nicht ersichtlich. Die Form FARSVLESAE in dem Nicht-Clotten'schen spurius 65 entfernen wir durch die Emendation FARSVLEIAE, da Gruter 302, 1 (aus Sutri) und 240 (aus Rom) FARSVLEIVS vorkommt. Den Namen ALBICIVS in No. XXIIII haben wir nach Analogie ergänzt; statt dessen könnte man auch ELBICIVS für ELVICIVS (Gruter 1178, 1) lesen, cfr. oben S. 49. AVGVRIVS in No. VIIII (so statt des Druckfehlers AVCVRIVS) auch bei Gruter 656, 7 und 997, 4. Mit dem POSTHVMIVS in No. XVII verhält es sich genau wie mit TREVIRI: weil man posthumus für natus post humationem patris erklärte, statt einen einfachen alten Superlativ (intumus, optumus, maxumus) darin zu sehen, war die Schreibung postumus falsch; cfr. Gellius N. A. II 16, Virg. VI 763.

Wir haben bereits von den Lesefehlern oder auch Druckfehlern gesprochen, welche einzelne Irrthümer in den Clotten'schen Inschriften entschuldigen, und haben dieselben mit den vielen falschen Lesarten verglichen, welche das C. I. Rh. und die andern Inschriftensammlungen bieten. Nachträglich noch Einiges der Art. TETVLVM in No. I, IIII—VI, neben TITVLVM in No. II und VIIII wird kein Kundiger für einen Lesefehler ansehen. In No. IIII hält Steiner das Mf. R am Schlusse für M . B. und deutet: memoriae bonae. Das M der Formel D.M. steht in No. V in der zweiten Zeile, vielleicht weil der Steinmetz die Worte nicht verstand. In No. VIIII ist in Zeile 4 CIT statt CVI und in Zeile 6 EI statt ET zu lesen, so dass also die Inschrift aus zwei unabhängigen Sätzen besteht [3]). Am schlimmsten aber erging es der echten Inschrift No. XI = C. I. Rh. 827. Sie ist entweder schlecht abgeschrieben oder durch die lächerlichsten Druckfehler entstellt: in Z. 4 CVRARIVS statt CVPARIVS (Küfer), Z. 5 SACRARIVS statt SACCARIVS (Sackträger, ist in den Wörterbüchern aus unserer Inschrift citirt, während cuparius fehlt, Zeile 6: ACCERTINAE statt ACCEPTINAE, Zeile 7 das Monstrum HERNORENTIO statt ET FLORENTIO. Bei Hüpsch, aus dem die Inschrift in Orelli's, Steiner's und Brambach's Werke übergegangen, sind diese Fehler verbessert. Gerade die Lesung dieses Steines muss jeden Unparteiischen überzeugen, dass wer eine so einfache Inschrift mit solchen Fehlern liest oder abdruckt, auch andere Fehler begehen wird, die, wie hier, die Echtheit in Frage stellen: so ist z. B. ganz gewiss das FACIT in No. VII eine durchaus unberechtigte Ergänzung von F.C., wie dies das FACIVNT des spurius 65 für FACIVNdum curavit zur Genüge beweist.

[1] Cfr. Aurelius, Cornelius und Antelus, letzterer ein Eburone (?), C. I. Rh. 905.
[2] Mesa Gruter 833, 11. Maesa Iul. Capitol. Macrin. 9. — [3] Anders Schmitt, l. c. 385.

Es bleibt nun noch ein kleiner Rest von Inschriften, deren Ursprung und Fundort nach den vorliegenden Fundberichten nicht mit Sicherheit nachgewiesen werden kann, von denen aber ein Theil auch Clotten zugeschrieben wird und zwar auf die Autorität des so unzuverlässigen Alfter-Manuscriptes. Aber die Behauptung des Alfter ist gegenüber unsern authentischen, fast gleichzeitigen Fundberichten, die nicht bis 1865 geheim blieben, sondern in den Zeitungen und Zeitschriften der Stadt Trier veröffentlicht wurden, viel zu schwach, um der Glaubwürdigkeit derselben irgend etwas abbrechen zu können. So viel steht fest, dass nicht alle Inschriften, die Hr. Prof. Brambach nach Alfter's Angabe als Clotten'sche bezeichnet, auch von Clotten herrühren oder bekannt gemacht wurden. Unter den spuriis 56—67 des C. I. Rh. sind nur vier Clotten'sche; 72—76, 78—81 und 83 enthalten nur neun Clotten'sche; dagegen sind die No. 68—71 ganz entschieden Clotten'sche, denn Wyttenbach sagt ausdrücklich, Clotten habe ihm die Abschriften mitgetheilt. Die noch nicht festgestellten No. 57, 58, 60—63, 65—67, 76 und 77 bleiben bezüglich ihres Ursprunges in ein räthselhaftes Dunkel gehüllt und das muss sie natürlich in den Augen der Kritik höchst verdächtig machen. Das C. I. Rh. enthält von No. 1968—2027 eine ähnliche Reihe von Inschriften, deren Ursprungsort grossentheils unbekannt und die theilweise nur auf der *fides* von *schedae* beruhen, „quarum vestigia inter aequales nostros nemo repperit", wie der Herausgeber des C. I. Rh. von den Clotten'schen sagt. Während aber die trierischen Inschriften „propter editorum fidem dubiam suspecti sunt", sind es jene im C. I. Rh. nicht, obschon auch der Baron v. Hüpsch unter den Gewährsmännern figurirt, wenn auch nur bei No. 1971 und 1972 in erster Reihe. Nicht mehr vorhandene Hüpsch'sche Inschriften, die also ganz gewiss verdächtig sein müssten, bietet das C. I. Rh. unter No. 588, 627, 652 und 678, noch vorhandene unter 535, 675—77, 648, 827, 828 (letztere zwei von Clotten). Ob wir dieses Verfahren epigraphische Kritik nennen dürfen, bleibt sehr zweifelhaft. Wenn Clotten und Hüpsch wirklich Inschriften gefälscht haben oder mit solchen betrogen worden sind, so sollte man aus einem kritisch bearbeiteten Inschriftenwerke alle durch sie zuerst bekannt gemachten Inschriften verbannen, selbst wenn die Originalsteine noch vorhanden sind. Niemand bürgt uns dafür, dass letztere nicht gefälscht sind. Denn was in Rottenburg, Salzburg, Aachen, Bonn, Leiden, Mainz, Strassburg, Saverne, Genf, Paris, Athen, Rom und Neapel geschah, konnte ja auch in Trier und Köln geschehen. Also fort mit den alabasternen Urnen aus Trier und Alttrier, fort mit dem Stein auf der Porta Nigra, fort mit den Hüpsch'schen Inschriften, die Hr. Prof. Brambach für echt anerkannt hat! Das wäre folgerichtig, und was liegt am Ende an einem paar Dutzend Inschriften und Steinen mehr oder weniger? Was hier verloren geht, wird reichlich aufgewogen durch neue Funde in den Provinzen des ehemaligen oströmischen Reiches, wie wir oben sahen, oder, um in der Nähe zu bleiben, in dem so lange räthselhaft gebliebenen *Lupodunum*, oder nach der neuesten inschriftlichen Lesung: *Lopodunum*.

Allein die übrig bleibenden Inschriften enthalten so verdächtige Dinge, dass selbst der Baron v. Hüpsch ihre Unechtheit hätte erkennen können. Hr. Prof. Mommsen ist auf den Baron v. Hüpsch gar nicht so übel zu sprechen[1]), als Hr. Prof. Brambach, der „mit triftigen Gründen die Thorheiten des Barons als unverzeihlich" nachgewiesen haben will.[2]) Um wie

---

[1]) Monatsberichte, 1865, 377. — [2]) C. I. Rh. p. XVI coll. Rhein. Mus. 20, S. 629 flgg.

viel eher hätte J. H. Wyttenbach die *ineptiae* dieser Inschriften erkennen müssen, da er soviel von epigraphischer Kritik verstand, um Bedenken geltend zu machen, die heute als Beweis der Unechtheit gelten; so bei dem spurius 78 des C. I. Rh. = XVIIII! Gegen die Echtheit der hier in Rede stehenden Inschriften liesse sich Folgendes geltend machen: Auf No. 57 = Steiner 1702 steht ein *Quintus Manlius* (kein *Marcus* Manlius, denn der Falsarius wusste aus Liv. VI 20, dass bei der Gens Manlia das Pränomen *Marcus* durch Familienraths- oder Senatsbeschluss seit 384 v. Chr. verpönt war) neben einem *Consutius* [1]), der spottend an *consuere* anklingt (Selbstironie des Fälschers: der Zusammenschusterer); der MARS CONSERVATOR, dem die beiden eine Ara oder Standbild oder sonst was widmen, ist natürlich aus Gruter entlehnt. Ein *Quintus Sererus* ohne Gentilname in No. 58 = Steiner 1703, ähnlich L. FLORVS in No. XXV, statt dessen FLORIVS zu lesen, wie C. I. Rh. 1067, Gruter 1155, 10 eine ganze Familie *Florii*; also hier *Quintius Sererus*, wie *Septimius* Severus, ein *triumvir Orteliu* (No. 60) ohne nähere Angabe des Triumvirats (? III vir coloniae deducendae, also einer der kaiserlichen Commissarien bei Gründung der Colon. Aug. Trev.); der Volkstribun *Clodius* in No. 61, welcher der *Dea Fortuna* (warum nicht der Dea bona?) einen Altar weiht und als stolzer Römer sogar seinen Namen dem der zu ehrenden Göttin voraufgehen lässt [2]); *Terentia*, die Gemahlin Cicero's neben einem der vielen *Albini* in No. 62 = Steiner 1743, *Fulvia* (des Clodius und später des M. Antonius Gemahlin), entlehnt aus C. I. Rh. 828 (echte Clotten'sche Inschrift) und *Aegeria* aus Livius I 19, die Nymphe *Egeria*, in No. 63; *Afranius*, der Legat des Pompeius, bekannt aus Cäsar und Cicero, Consul des Jahres 60 v. Chr., mit einer barbarisch klingenden *Farsulesa* in No. 65, *Secundinius* (so will Steiner 1742 lesen) und *Sererina* in No. 66 und 67, entlehnt aus No. 608 des C. I. Rh. = Steiner 1213 mit Umkehrung der Genus-Endungen, beide spurii in der Form identisch, einer von Orelli 4594 als echt abgedruckt; der siebenfache Consul C. Marius in No. 77, allerdings erst trib. plebis, mit dem Cognomen der gens Iunia, — alles das wäre eine ziemlich ansprechende Zusammenstellung tertiauerhafter Gelehrsamkeit, wie jeder leicht einsieht; aber wenn damit etwas gegen die Echtheit der betreffenden Inschriften bewiesen werden sollte, so liesse sich alles Wissen in epigraphischen Dingen sehr bequem in Nichts auflösen. Das Verfahren gegen die Neuniger Inschriften ist genau dasselbe: alles ist mit den nöthigen Verballhornungen von sonsther entlehnt. „Aus *beyreiflichen* Gründen“, sagt Hr. Prof. Hübner, muss zu Neunig alles falsch sein, selbst Name und Titulatur des Kaisers Traian. „Nur der Epigraphiker *vom Fach* hat hier ein maassgebendes Urtheil“, behauptet Hr. Prof. Mommsen, also müssen alle diejenigen, welche anderer Meinung sind, getäuscht worden sein. Sachkundige Techniker haben aus andern als epigraphischen Gründen festgestellt, dass eine moderne, während der Ausgrabungen selbst vorgekommene Fälschung unmöglich stattfinden konnte. Die Steininschrift, um welche sich die letzte Kundgebung der berliner Akademie der Wissenschaften dreht, wurde unter Verhältnissen gefunden, welche für jeden, der sehen will, die Annahme eines neuerdings verübten Betruges vollständig ausschliessen. Der Stein war als Mauerstück, Deckstein, an einem Canal verwendet worden und in Berlin selbst als

[1] Gruter 640, 7 (aus Pisa), *Cossutius* Ib. 251, *Cossutus* C. I. Rh. 602, 630. — [2] cfr. Steiner 2344 -2359.

antik anerkannt. Als er gefunden wurde, musste er erst vom Mörtel gereinigt werden: daher „die an einigen Stellen im Schnitte der Buchstaben noch erscheinende ursprüngliche Steinfarbe", welche Hrn. Prof. Hübner „ein sehr gravirendes Indicium" dünkt, da „wenn die Buchstaben vor 1800 Jahren eingehauen wären, diese Schnittflächen und die übrige Oberfläche des Steines *wesentlich* gleiche Farbe haben würden. — Wie es *scheint*, ist dieses Indicium durch die Behandlung des Steines mit irgend einer chemischen Substanz meistentheils verwischt worden." Ferner war der Stein „nie eine Inschrift zu tragen bestimmt; diese ist offenbar erst später darauf gesetzt worden. Der Stein *scheint* mit der jetzt zu der Inschrift benutzten Fläche als Pilasterkrönung aufgelegen zu haben, wozu der vorspringende Sims *sehr wohl passt.*" Der Stein *scheint* also eine Pilasterkrönung gewesen zu sein. An den Eingängen des Nenniger Prachtsaales in der Nord- und Südseite denken wir uns je zwei entsprechende flache Säulen in der Wand angebracht innerhalb der umlaufenden Colonnade. Solche Säulen kommen häufig als architektonische Unterbrechung einer grossen leeren Fläche vor und eben so wie die Stucc-Inschriften im Badehause waren hier Stein-Inschriften als decorative Momente angebracht. Wie wenig unwahrscheinlich ist es nun, dass hier zwei gleichlautende Steintafeln eingemauert waren? Haben wir doch zwei gleichlautende Inschriften auf Todtensärgen, C. I. Rh. 761. Auf diese Art wäre das grosse Räthsel der verschiedenen Dicke der Nenniger Steinfragmente leicht zu lösen. Was Hr. Prof. Hübner von dem Einschnitte der Buchstaben bemerkt, zerfällt in Nichts, denn gerade die runde Vertiefung des Schnittes zeugt für einen denkenden Steinmetzen, der dadurch die Verwitterungseinflüsse vermindern wollte. So sind z. B. auf der Igeler Inschrift viele der feineren Striche und sogar einzelne Grundstriche verwittert, weil der Steinmetz zwar breit ansetzte, aber zu flach austrieb; hätte er die Grundstriche und Haarstriche gleichmässig tief, also mit fast senkrechten Seitenflächen statt mit schiefen angesetzt, so wären die einzelnen Buchstaben besser erhalten. Man vergleiche damit die Originalsteine der Neumagener Inschrift C. I. Rh. 860 im hiesigen Museum und der Inschrift der Cricconia Donilla ib. 774 in der Porta Nigra. Beide zeigen tief ausgeführte, schöne Züge.

Wie es sich nun in Wirklichkeit mit den angeblichen Inschriftenfälschungen, die seit Beginn der Frankenherrschaft in Trier vorgekommen sein sollen, verhalte, das haben, so hoffe ich wenigstens, die vorausgegangenen Untersuchungen festgestellt. Da die Wissenschaft der Epigraphik nach Hrn. Prof. Brambach's eigenem Ausspruch „ihre Ergebnisse *vorzugsweise durch Inductionsschlüsse* gewinnt", Inductionsschlüsse aber *niemals* überzeugend sein *müssen*, sondern nur überzeugend sein *können*, weil sie eine *vielen* Dingen gleicher Gattung gemeinsame Eigenschaft als *allen* gemeinsam *voraussetzt*, so haben die aus solchen epigraphischen Inductionsschlüssen abgezogenen Regeln *niemals* die strenge Schlüssigkeit eines einfachen Syllogismus, sondern nur eine „ansprechende Wahrscheinlichkeit", die durch nach und nach zahlreicher auftretende Ausnahmen zuletzt zur „Unwahrscheinlichkeit" heruntersinkt. So haben wir denn nachgewiesen, dass das, was auf den trierischen angeblich falschen Inschriften Auffälliges erscheint, auf den echten noch viel stärker vertreten ist; dass, so leicht „Epigraphiker vom Fach" Irrthümer und Täuschungen sich zu Schulden kommen lassen, auch „Dilettanten" wie Brouwer, Hontheim, Clotten, Wyttenbach, Hetzrodt, Müller u. a. waren, Irrthümern unterworfen sind, die man entschuldigen, aber nicht sofort *qua per est ira* als unanfechtbarer Fälschungsbeweise geltend machen soll. Und wenn die berliner Archäologische Gesellschaft gelegentlich der Besprechung der Nenniger Inschriften „von Neuem bedauerte, dass solche Fälschungen, deren Einfluss auf die Wissenschaft gleich Null ist, vorurtheilsfreie und wohlmeinende, aber arglose und der Ausdehnung epigraphischer Fälschungen unkundige Beschauer gänzlich verwirrt und der Theilnahme an Nachgrabungen und archäologischen Untersuchungen überhaupt nachhaltig entfremdet würden", so verfehlen wir nicht, hier nachdrücklich darauf hinzuweisen, wie die Männer, die sich mit Stolz „Epigraphiker vom Fach" nennen und mit Recht so nennen dürfen, das Maass der epigraphischen Kritik ungleich zumessen und gerade dadurch „vorurtheilsfreie und wohlmeinende Freunde der Alterthums-Wissenschaft in ihrem Urtheile verwirren und dergleichen Bestrebungen nachhaltig entfremden." Während tausende von anerkannt echten Inschriften von den abscheulichsten Steinmetz- und Lesefehlern wimmeln, die man arglos hinnimmt und verbessert, während abertausende von Inschriften nur in Abschriften ganz unbekannter und ungewandter Leute vorhanden sind, während die Schriftzüge von den elegantesten Formen bis zu den liederlichst eingekratzten Zerrbildern der Capitalschrift in derselben Zeitperiode wechseln und herabsinken: erklärt man in Trier eine Reihe von strebsamen Männern zu Inschriftenfälschern, weil die erhaltenen Abdrücke durch Druckfehler entstellt, ja weil sogar nur die Citate falsch sind und man es nicht der Mühe werth achtet, genauer nachzuforschen; weil durch combinirte Lese- und Druckfehler regelwidrige Formeln, Namen u. ä. entstanden sind; und um die Zahl der angeblichen Falsificate recht ansehnlich zu vermehren, scheut man sich sogar nicht, anerkannt *echte* Inschriften unter die *suspecti et spurii* zu setzen und einen Menschen als Zeugen für seine Behauptungen aufzuführen, dem man selbst in den feierlichsten Ausdrücken den ehrlichen Willen abgesprochen hat, einen Menschen, den man sonst als Epigraphiker recht gründlich verachtet; man erklärt, gestützt auf sein Ansehen in der gelehrten Welt und auf einige angebliche Regeln der epigraphischen Etiquette und Kalligraphie, neu aufgefundene Inschriften für Missgeburten gröblichster Unwissenheit und niederträchtigster Prellerei und gesteht vor der Welt, man werde keine Autorität über sich, nicht einmal eine neben sich anerkennen, sobald sie einer andern Meinung sei; man schämt sich auch nicht, statt mit Gründen, in geistreich sein sollenden Redensarten von Inschriften zu sprechen, „die zu schön sind, um wahr zu sein; eine Inschrift, die gefalle, mache kein Glück." Man hat auch, um die Inschriftenfälschung als ausführbar nachzuweisen, andere Wissenschaften, besonders die Chemie, zu Hülfe gerufen, aber die Einrede eben so berechtigter Archäologen als auf Täuschung beruhend verworfen mit sammt den amtlich erhobenen Zeugenaussagen, weil sie keinen Raum für so weitläufige Manipulationen zulassen, wie die Hrn. Prof. Mommsen, Hübner und Hofmann unterstellen.